南蛮幻想

ユリシーズ伝説と安土城

下巻

井上章一

草思社文庫

南蛮幻想【下巻】◉目次

第四章　百合若とユリシーズ　9

第五章　中央アジアへいたるまで　153

【上巻目次】

南蛮幻想

ユリシーズ伝説と安土城

【下巻】

第四章

百合若とユリシーズ

海の英雄の物語

幸若舞《こうわかまい》という芸能が、九州の福岡に、今でものこっている。鼓にあわせて体をうごかし詩を吟ずる、室町時代からの舞であり、語りである。平均的な現代人には、まずたのしめまい。動作も歌謡も単調にすぎて、眠気をもよおしてしまうだろう。

それでも、戦国武将らには、たいへんしたしまれた。安土城をたてさせた織田信長も、幸若舞愛好者のひとりとして、知られている。桶狭間《おけはざま》合戦への出陣にさいしては、「敦盛《あつもり》」の一節を部下の前で誦していた。「人間五十年、下天《げてん》のうちにくらぶれば夢幻《ゆめまぼろし》の如くなり……」と。『信長公記』がつたえる、戦国時代の名場面ではあった。

さて、幸若舞曲のひとつに、『百合若大臣《ゆりわかだいじん》』という演目がある。一代の英雄・百合若の事績をうたいあげた、叙事詩的な色合いもただよう曲である。といっても、もちろん実在した人物の物語ではない。室町時代にできた、架空の英雄を主人公とする作品である。

おもしろいことに、話の骨格は、古代ギリシアのユリシーズ伝説と、よくにている。細部においても、一致する点がすくなくない。あまりに類似性が強いので、文化伝播の可能性をことあげするむきもある。ユリシーズ伝説が日本へ伝播して、百合若の話が成立した。そうとなえる学者も、一部にはいるのである。のみならず、百合若の百《ゆ》合《り》を、ユリシーズのユリに由来するとみなす声さえ、なくはない。

もちろん、こういう伝播論に反発をしめす学者も、たくさんいる。というか、学界の大勢は、否定的にとらえていると、言えるだろう。

じっさい、ユリシーズ物語が日本へ導入されたことをしめす一次史料は、ひとつもない。伝播論の大半は、話がよく似ているというところからとなえられているに、とどまる。それ以外の確実な根拠は、見つかっていないのである。学者の多くが、懐疑的にながめているのも、無理はない。

少々、話をいそぎすぎた。伝播の可能性をとやかく言う前に、『百合若大臣』の粗筋を紹介しておくべきだろう。そして、それのどこがどうユリシーズとにているのかも、かんたんに説明しておきたい。

この物語は、大陸から日本へ「蒙古《むぐり》」の大軍がおしよせてくるところから、はじまる。いわゆる元寇を、日本側は「むぐりこくりの鬼」がきたと言って、おそれた。「むぐり」は蒙古だが、「こくり」は高句麗のことをさしている。その「蒙古」をむかえうつ将軍に任命されたのが、主人公の百合若であった。そして、百合若は、みごとに敵を撃退し、大陸へおいかえす。

現実に、モンゴル軍が日本へ進攻してきたのは、鎌倉時代後期のことである。そして、日本側は二度にわたるいわゆる蒙古襲来を、しりぞけた。百合若の物語が、この歴史を素材のひとつにしていることは、うたがいない。

だが、『百合若大臣』は、嵯峨天皇在位中の話だということに、なっている。つまり、平安時代初期のこととして、物語は展開されているのである。これだと、現実の蒙古襲来より、五百年ほど時代がさかのぼる計算になる。なんとも恣意的な時代設定ではある。

けっきょく、古い時代の物語であるということがしめせれば、それでよかったのだろう。幸若舞の世界では、そのていどの歴史認識でことたりたに、ちがいない。嵯峨天皇は、そのためのダシにつかわれたということか。まあ、嵯峨帝の時代には、たびたび新羅人が九州にきて、もめごとをおこしている。その歴史が、物語作者たちに、平安初期を想起させた可能性はあるだろう。

『百合若大臣』の内容紹介に、もどりたい。「蒙古」を日本からおいはらった百合若は、逆に海をこえて大陸へせめのぼる。ついに、高麗でその大軍を、うちやぶった。彼らとの戦乱は、日本の英雄・百合若の全面的な勝利におわるのである。

だが、百合若には、あらたな災難がまちうけていた。日本へ凱旋する途中で、部下の別府兄弟にうらぎられたのである。そのため、百合若は、洋上の無人島へ、ひとりでおきざりにされてしまう。

帰国した別府兄弟は、百合若が戦死したと報告する。さらに、「蒙古」をうちまかしたのも、自分たちの手柄だと言いたてた。おかげで、ふたりは九州筑紫の国司という地位を、手にいれる。

増長した兄弟は、わがままのしほうだい。その兄にいたっては、美人のほまれがたかい百合若の妻・「北の方」を、誘惑しはじめる。だが、夫の死を信じられぬ妻は、この横恋慕になびかない。言を左右にして、にげつづける。

さいわい、「北の方」は百合若が、無事に生きていることを察知する。夫の飼っていた鷹の緑丸が、そのことをつたえてくれたのである。

緑丸は、大空をとぶうちに、海上の無人島で百合若を発見した。百合若も、自分がかわいがっていた鳥とであい、感激する。そして、その緑丸に自分の無事をつたえる文をもたせ、妻のもとまではこばせたのである。

さらに幸運はつづき、壱岐《いき》の漁師が船で百合若のいる島へ、たどりつく。百合若は、その船にのせてもらい、帰国した。そして、自分をうらぎったかつての部下に、一大復讐劇をくりひろげるのである。もちろん、百合若は報復を成就し、かつての地位も回復した。妻ともふたたびむすばれ、めでたしの大団円ということで、物語はとじられる。

つづいて、ユリシーズの話にうつりたい。周知のように、ユリシーズは、古代ギリシアで語られた伝説上の英雄である。十年つづいたトロイ戦争を、勝利へみちびいたのは、彼だということになっている。トロイの木馬として知られるその奇策については、誰しも聞きおぼえがあろう。

もともと、古代ギリシアでは、オデュッセウスとよばれていた。そのラテン語名であるウリクセスを、英語で読めばユリシーズという音になる。今日いっぱんに流通しているユリシーズという表記は、その英語音にもとづいている。

トロイ戦争後のユリシーズ＝オデュッセウスにも、ふれておこう。『百合若大臣』と話のつくりがよく似ているのも、じつはこの戦後譚なのである。

ユリシーズは、イタケーという小島を領地にもつ小国王でもあった。戦争がおわってからは、とうぜんそこへかえろうとする。だが、なかなかかんたんには、もどれない。海神ポセイドンのいかりをうけた彼は、洋上でさらに十年の放浪を余儀なくされてしまう。

その妻である王妃のペネロペも、とうぜん孤閨をまもらされることになる。そして、財産と美貌にめぐまれた彼女のところへは、多くの求婚者がやってきた。夫のユリシーズは、もう死んだと判断されていたのである。

だが、ユリシーズは、さまざまな艱難辛苦をへたあとで、自分の領地へたどりつく。

さらに、妻への求婚者たちをみなしりぞけ、王位も回復した。

海のむこうで武勲のあった英雄が、自国へもどれず、海上をさまようことになる。あるいは、洋上の島にとめおかれる。そのあいだに、美貌の妻は誘惑者たちから、ねらわれた。だが、英雄は困難をくぐりぬけて、本国へもどることに成功する。最後には、誘惑者たちをけちらし、ふたたび妻をとりもどす。かつての地位にも、かえりざく。


ユリシーズの伝説と百合若の物語には、これだけの共通点がある。ストーリーの骨格が、ほぼ同じになっている。いや、それだけではない。細部の描写においても、かさなりあうところは、けっこうある。とりわけ、弓のあつかいに、それを感じる。

百合若の場合もユリシーズのケースでも、彼らの帰国後には、弓の競技会がひらかれた。そして、余人にはつかいこなせない彼らの弓が、どちらの会場へも、はこびだされている。

百合若は、その弓で妻に求婚する男をねらい、自ら百合若だと名のりをあげていた。ユリシーズも、その弓を手にとって、妻の誘惑者たちを射殺する。殺害の有無という点で、両者にちがいがないわけではない。だが、弓の使用がアイデンティティの証明になったという点は、同じである。

ほかにも、類似点はいくつかある。両者の妻が、求愛者に条件をつけて、拒絶の意志を暗示する点。ユリシーズを最初にそれと認識したのが彼の愛犬であり、百合若の場合は愛鷹であった点。だが、それらを詳述することは、ひかえておく。とにかく、両者はよく似ている。伝播論をとなえる学者が出現するのも、無理はないくらいに、似かよっている。そのことを確認したうえで、百合若研究の系譜を語りたい。

起源はギリシアか、九州か

ユリシーズの伝播論を最初に語りだしたのは、作家の坪内逍遙であった。一九〇六（明治三十九）年に発表した「百合若伝説の本源」が、それである。掲載誌は、『早稲田文学』。ながらく休刊していた同誌の、その再刊第一号へ、坪内はこの論考をよせていた。満を持して世に問うた、ということなのかもしれない。

つぎに、坪内の言葉を直接、ここへひいておこう。彼は、ユリシーズと百合若の関係を、こんなふうに論じきっている。

百合若物語は『オディッシー』の梗概を翻案せしものたること些《いささか》も疑ふべきにあらぬものから……我が足利以後の文学と西洋文学との交渉は、従来の考証以外にいでて更に尋ぬべき点少からざるが如し。[*1]

うたがいの余地はないという。しかし、翻案説を確実な証拠にもとづいて、立証しきっていたわけではない。けっきょく、坪内は、両者が似ているということを、見いだしただけである。伝播説は、その類似性から想像をふくらませたというに、とどまる。

さらに、坪内からの引用をつづけたい。彼は、この着想へいたる経緯を、つぎのようにのべている。

近頃所要ありて希臘《ギリシア》上代の事蹟を取調ぶる序《ついで》に、彼の国の古名作及び之れを論じたるものなど二つ三つ読みゆくうちに、ふと百合若物語とホーマーの名作『オディッシー』とが頗る相似たりと思ひ付くと同時に『オディッシー』の羅甸《ラテン》名のユリシスたることに思ひ及びて……*2

ホーマーの『オディッシー』などを読んでいて、気がついたという。

ホーマーは、古代ギリシアの詩人・ホメロスをさしている。ホメロスは、オデュッセウスの伝説を、『オデュッセイア』という叙事詩に、あらわした。坪内のいうホーマー、オディッシーは、その英語名にほかならない。

気になるのは、オディッシーのラテン語名がユリシスになるというくだりである。

この点は、坪内に誤解があると思う。オデュッセウスのラテン語名は、ウリクセスである。ユリシスにはならない。ユリシスだと、ラテン語ではなく、英語の音にちかくなる。

けっきょく、坪内は英語の文献から、事態を判断していたのだろう。ホメロスの『オデュッセイア』は、十八世紀のはじめに英語へ翻訳されていた。詩人としても有名なアレクサンダー・ポープの訳業（一七二五—二六年）が、それである。坪内が読んでいたのも、このポープによる英訳本あたりでは、なかったか。あるいは、あとで紹介するボールドウィンの英語版かもしれないが。

「足利以後の文学と西洋文学との交渉」を研究する。坪内は、そんな抱負をのべていた。

しかし、そのためには、ラテン語やポルトガル語のテキストを検討しなければならない。室町、安土桃山期に西洋からの感化があったとすれば、南欧語圏からだけだろう。英語圏からの流入は、まずありえない。だから、英訳本に依拠して日本への伝播を語るのは、無理なのである。たとえば、英語のユリシスが百合若の百合《ゆり》と音でかさなりあっていても、意味はない。

とはいえ、坪内の時代に、それだけのことを要求するのは酷であろう。たいていの人文学は、英仏独語、とりわけ英語をつうじて導入されていたのである。この時代の、しかも専門の学者でもない坪内に、あまり多くをのぞむべきではない。ユリシーズと百合若をむすびつけた、その着眼に敬意をはらうのが、妥当な評価だと思う。

あとひとつ、坪内の言辞に、興味をひかれる箇所がある。坪内は、ホーマーの『オディッシー』を読んで、百合若との類似を察知したという。つまり、百合若のことは、『オディッシー』を読む前から、知っていたらしいのである。

今日の、とくに若い読書人へは、ホメロスのほうがひろく知られているはずである。ユリシーズ＝オデュッセウスの知名度は、百合若よりずっと高い。両者がにていると思いだすのは、だから、あとで百合若を知ってからだろう。

にもかかわらず、坪内は、逆のコースをたどっている。ユリシーズ＝オデュッセウスのほうが、知るのはおそかったというのである。じっさい、坪内は「百合若伝説の本源」で、こうものべていた。

予がはじめて百合若大臣の名を知りしは十二三歳のころ読みし『大伴金道忠孝図会』なりきと覚ゆ……按ふに、百合若伝説は最も広く流布せしものの一なるが如し[*3]

『大伴金道忠孝図会』は、一八四九（嘉永二）年から刊行されだした読本《よみほん》である。一種の歴史空想物語だが、それで百合若のことを知ったという。しかも、十代前半という若い時期に。

坪内は、少年時代から日本の文芸にしたしんでいた。近世末期の戯作類は、かなり読みこんでいたという。そんな教養があったから、百合若のことも知っていた。その点で、やや例外的な知識人だったのではないかと、思われようか。

だが、坪内はこうも言っている。百合若伝説は、ひろくいっぱんにも流布している、と。これは、じじつそのとおりであった。百合若という英雄の物語は、さまざまな形で語られている。たとえば、『大伴金道忠孝図会』のなかにも、登場していたのである。

さらに、百合若が鬼ヶ島へ鬼退治にいくという、そんな桃太郎めいた童話さえあった。「蒙古《むぐり》」退治の話が、鬼退治の物語へと、変形してうけとめられてもいたのである。『人類学雑誌』（一九一一年十二月）に、当時のおもしろい新聞記事が、紹介されている。そのなかに、こんな指摘があった。

百合若大臣の鬼ヶ島征伐と桃太郎の鬼退治とは古来勇ましい小児のお伽譚《とぎばなし》として誰れ知らぬものはない。*4

誰でも知っている。桃太郎と同じくらいに有名だというのである。今日とは、ネームバリューのありかたが、ずいぶんちがっていたらしい。

百合若伝説の研究者である前田淑が、一九六九（昭和四十四）年に、こう書いた。「一般には、百合若伝説を知る人は、次第に少くなっている」と。[*5] 百合若の専門家としては、書きづらい指摘だったろう。だが、そんな研究者の目にも、知名度の低下は、おおいがたくうつっていたのである。

その背後には、さまざまな要因があったと思う。第二次大戦後は、「蒙古」退治という帝国主義的な好戦性が、きらわれたのか。だが、ここではそのあたりへのせんさくを、ひかえておく。とにかく、坪内逍遙のころは、百合若伝説がおおいに流布されていた。そのことを、くりかえし強調しておくにとどめたい。

ホメロスのことをあとで知ったという。知識獲得のこういう手順も、この時代なら、あたりまえだった。現代人が、そのことを不思議に思う必要は、どこにもないのである。

百合若の物語が、読本でとりあげられていたことを、さきにのべた。だが、この話は、それ以外のところへも、流布している。歌舞伎や浄瑠璃といったジャンルでも、テーマのひとつになっていた。それらを総称して、百合若物とよぶこともあったぐらいである。芝居通のひとなら、近松門左衛門の『百合若大臣野守鏡《のもりのかがみ》』を、思いうかべようか。

しかし、それらが幸若舞の『百合若大臣』から派生したという点は、うたがえない。ルーツは、幸若舞なのである。だから、その起源を問題にしたければ、幸若舞の検討が、不可欠の仕事となる。もちろん、坪内逍遙も「百合若伝説の本源」では、幸若舞の脚本に目をむけた。

この幸若舞を、最初に本格的な研究対象としてとりあげたのは、高野辰之《たつゆき》である。いっぽんには、小学唱歌の作詞者として知られていようか。「うさぎおいし、かのやま……」などは、高野の書いた歌詞である。だが、研究者としては、『日本歌謡史』をはじめとする音楽史の業績が、評価されている。

その高野が、一九二七（昭和二）年に、「幸若舞曲研究」という論文を、発表した。これによると、高野は「明治三十一二年頃」から、幸若舞をしらべだしていたらしい。「浄瑠璃の詞源として之を究明する必要が生じ」たからだという[*6]。

幸若舞の詞章をはじめとする室町文芸は、それまであまり研究されてこなかった。その理由を、高野はこんなふうに解説する。

けれども此等は明治の中年迄《まで》低級なものとして誤認されてゐたことは争はれない、恰《あたか》も彼の浮世絵を研究材料として取扱ふことは学者の恥といふが如き謬見の下に……明治の二十六七年日清戦争の頃からこんな方面に心がけて来た私自身は、真実にさう思ふのである。[*7]

幸若舞などの室町芸能は、信長をはじめとする武士たちに、支持されていた。戦地へおもむく武士が、祝言として、その詩を吟じることもあったのである。なにほどかは、野性的であり、あらあらしくもあったろう。それまでの典雅な芸能とくらべれば、下世話にすぎる部分もなかったとは思えない。

だから、明治期の国文学者たちからは、低く見られていたという。研究するにあたいしない、低俗なジャンルだとみなされていた。高野は「幸若舞曲研究」の本論をはじめる前に、そう研究の初期を回顧する。

パイオニアが、被害妄想気味に過去を誇張していると考えるむきも、あろうか。しかし、高野のいうような傾向は、じっさいにあったと思う。じじつ、当時のオーソドックスな国文学の通史は、幸若舞のことをこう評価していた。

勇壮の事蹟を第一とし、針小棒大、筆を極めて誇張の言を構へたれば、今日の読者を以て見れば、かたはらいたきこと多し。思ふに謡曲はその品位甚だ高く、中流以上に行はれたるに反し、舞の本はその趣味やや低く、多くは中流以下に喜ばれたるものと言ふべし。[*8]

文中に「舞の本」とあるのは、幸若舞の詞章が収録されたテキストのことを、さしている。その幸若舞は、下品であり、低俗であるという。ほんとうに、そう言いきって見下している。高野辰之らは、そんな逆境のなかで、研究をつづけてきたのである。

じつは、現代の国文学者にも、にたような口吻をもらすひとが、すくなからずいる。

『源氏』、『古今』などオーソドックスな古典へとりくむ学者に、その傾向がなくはない。

もちろん、そんな研究者たちも、わざわざ幸若舞批判の文章を書いたりは、しないだろう。これをことさらにおとしめた通史叙述も、まず見かけない。しかし、陰口ぐらいなら、語られる。今でも、国文学界の裏面には、ひっそりといきのびつづけているのである。

初期の研究環境が、しのばれよう。高野らが研究をしだしたころには、まだまださげすまれることも、多かった。学界での市民権は、ほとんどなかったといってよい。

坪内逍遙が、西洋古典からの伝播を言いたてたのは、そんなジャンルの作品であった。学界からは、低俗だとみなされている。そんな文芸に、ホメロスと通底しあう要素を見いだしていたのである。

坪内の指摘から感銘をうけた学者に、野々口精一というひとがいる。その野々口が、一九一〇（明治四十三）年に、こんなコメントをのべていた。西洋古典との接点へ目をむける、坪内流の研究姿勢にたいする論評である。

文芸の暗黒時代として国文学史上、さまで重きを措かれざりし室町小説は、かくの如くしてその作品の価値如何を問ふ以外に他方面に向つて研究の余地あるを思はしむ。[*9]

室町期の新興文芸は、あまり評価されていない。そんなところへ、坪内は新しい視座を、もたらした。この手法なら、当該作品の文学的価値を度外視した研究が、可能になる。たとえ、室町文芸がテーマであっても、おもしろい仕事はできるというのである。

あとでくわしくのべるが、坪内以後、たしかに同じタイプの研究は、ふえていく。日本と西洋の古典を対比させ、伝播の可能性を模索する論文が、目に見えて増加する。『百合若大臣』のことも、くりかえしその文脈で、検討されるようになった。

その意味で、坪内の指摘は学界に新風をもたらしていたと、いえるだろう。じゅうらいは低俗だという理由で、見むきもされなかった。そんな作品でも、新しい研究対象に、じゅうぶんなりうる。西洋との対比を考え、伝播論的な目でながめてみればいい。今までは、論じられもしなかったものが、新鮮なテーマとして浮上するはずである。

坪内は、以上のような気運を、学界へもちこんだ。そして、研究対象となる作品をふやすことに、なにほどかは貢献していたのである。もちろん、それだけが、のちに室町文芸などの研究をふやした要因だと、言うつもりはない。しかし、すくなからぬ感化を、以後の学者たちにおよぼしたことは、まちがいないだろう。

坪内逍遙は、若いころに小説や小説理論を書いていた。なかでも、『当世書生気質』と『小説神髄』は、文学史上の新軌軸として知られている。いずれも、一八八五（明治十八）年から翌年にかけて、発表された。同時代に、大きな反響をひきおこした作品である。

注目すべきは、その社会的なインパクトであろう。

坪内は、帝国大学（現東大）の政治経済学科を、卒業していた。一八八三（明治十六）年の卒業だから、名誉も権威もそなわったエリートである。そんなえらいひとが、戯作のようなものを、どうどうと署名して世に問うた。世間は、まずそのことに、おどろいたのである。

ひいては、世の小説観もかわりだす。くだらない戯作ではなく、りっぱな文学だと思いこむ方向へ、うつっていく。坪内は、低俗だとされていた創作読物に、新たな光をあてたのである。それもまた、文学における一種の近代化では、あったろう。

低俗だと見下されていた幸若舞を、新たな研究対象として、学界のなかにもちこむ。

坪内は、そんな役割の一端を、文学研究の世界ではたしていた。そして、そのはたらきは、彼が創作の世界におよぼした作用とも、つうじあう。文学史と文学研究史における坪内逍遙の意味を、あえてそう並行的にとらえたい。

『百合若大臣』は、ユリシーズ物語の翻案である。室町期の日本芸能には、ヨーロッパからの感化が、とどいていた。この坪内説は、同時代から歓迎されることとなる。これも、あとでくわしく書くが、賛意をしめす学者は、たくさんいた。今日では、否定的な論者のほうが多くなっている。しかし、当時は逆で、賛成論が大勢をしめていた。

例外的に疑問を呈した学者としては、高野辰之のことが、あげられる。高野は、坪内説が発表されたその翌年に、同じ『早稲田文学』へ、留保説を寄稿した。そこには、こうある。

坪内博士の御説の如くオデッシーといふ様なかけはなれた西洋種のものであらうか……余には何となく九州北部豊後とかいふあたりの……伝説の発達したものではないかと思はれてならぬ。[*10]

百合若伝説は、主に九州を舞台として、語られる。そして、九州北部、壱岐あたりに、ひろく普及していた。それらの点にかんがみて、高野は九州起源説を提示する。もっとも、自信満々の主張には、なっていない。「何となく……思はれ」るという、いたって気弱な立論にとどまった。

とはいえ、坪内説への支持者が多かった時代である。弱腰であっても、高野が反論へまわった事情は、注目にあたいする。

高野は、浄瑠璃の詞源をしらべるために、幸若舞のテキストをさぐりだしていた。さきにものべたとおり、「明治三十一二年頃」のことであったという。

この明治三十一年、つまり一八九八年に、高野は郷里の長野から東京へでてきていた。そして、東京帝大の国語研究室で、上田万年《かずとし》教授の研究をてつだいだしている。幸若舞に注目したのは、上田の言語学的な示唆があったせいかもしれない。

上田は、日本語の音韻史研究を、はじめててがけた学者である。p→f→hという、ハ行子音の歴史的な変化をつきとめたことなどで、知られている。幸若舞のテキストなどは、古い音韻をしめす記録のひとつとして、興味をよせていただろう。そのための資料収集を、高野にてつだわすことも、もちろんあった。

一九〇四（明治三十七）年に、上田万年の校訂で、『舞の本』が出版されている。内閣文庫がおさめていた幸若舞のテキストを、活字にして刊行させたものである。この本がだされたころのことを、高野はこんなふうに回想する。

明治……三十六年に及んで、内閣文庫に写本と刊本と各三十幾部が収蔵せられてゐることを知つた……同三十七年の秋上田万年先生の校訂の下に舞の本と題して、十五番だけが活版本となつて世に出た。これは内閣所蔵の写本によつたものである。[*11]

上田万年じしんは、高野の助力に言及していない。『舞の本』にある「緒言」でも、アシスタントのことは、ふせている。[*12] しかし、これらの資料探索が、高野の手になることは、まちがいない。

さて、上田は、おそらく音韻学的な興味から、幸若舞の記録へ関心を、よせていた。だが、これらの記録は、音韻資料としてのみならず、音楽史の資料にも、じゅうぶんなる。

そして、二十世紀初頭の東京音楽学校（現東京芸大）は、邦楽の記録をあつめだしていた。一九〇七（明治四十）年には、邦楽調査掛をもうけている。日本音楽の調査と保存をめざす組織が、学校のなかに設置されたのである。これを機に、多くの邦楽は五線譜へ書きうつされ、蠟管蓄音機で録音されたりもした。

音楽史の文献資料につうじている高野も、ここの仕事へかかわりだす。一九〇八（明治四十二）年には、邦楽調査掛員となっていた。その二年後には、東京音楽学校の教授職へ就任する。

東京音楽学校は、一八八七（明治二十）年に設立されている。以後は、西洋音楽、いわゆる洋楽の教育啓蒙に、つとめてきた。日本美術をも重視した東京美術学校とは、その点で決定的にちがっている。音楽学校では、西洋志向の姿勢が、より明確にうちだされていたのである。

邦楽調査掛は、日本の伝統的な音楽の調査と保存を、めざしていた。全体としては欧化へむかう機構のなかで、ここだけが国粋保存につとめている。高野辰之は、そんな部署にいたのである。

高野が坪内のユリシーズ説へ疑問をなげかけたのは、一九〇七（明治四十）年であった。まだ、邦楽調査掛員には、採用されていない。高野が、正式に東京音楽学校のスタッフとなるのは、この翌年からである。だが、幸若舞の調査をつうじて、国粋保存の情熱に、採用前からめざめては、いただろう。のちに、東京音楽学校邦楽科の設立へむけて奔走したのも、この高野なのである。

幸若舞曲の『百合若大臣』に、ユリシーズ伝説の感化がある。一見日本的な古典にも、ヨーロッパからの文明が、およんでいた。国粋保存の研究者である高野が、こういう議論を歓迎したとは思えない。幸若舞のことも、純粋な日本の古典芸能として、うけとめたかったはずである。

高野が坪内の説になじめなかった一因も、この点と無縁ではあるまい。東京音楽学校の欧化路線に抗して、伝統的な邦楽を顕彰する。その意欲と情熱が、坪内説のなかにある西洋のにおいをきらったという面は、あったろう。

じっさい、高野は坪内説を論破する決定的な論拠が、しめせなかった。反対説の提示も、「何となく……思はれ」るという弱い調子に、とどまっている。実証という点では、自分の北九州発生説に、自信がなかったのである。

にもかかわらず、あえて西洋感化説へ疑問をなげかけ、国内成立説を発表した。それは、高野が、実証の有無はともかくとして、そう思いこみたがっていたからだろう。日本で独自にできたと、言いたかったのだと思う。そして、その背後には、国粋保存をめざす高野の立場と意欲があったのだと、考えたい。

さらに、高野の回想から話をつづけよう。高野は、上田万年のもとで幸若舞をしらべているうちに、作家の幸田露伴とも遭遇する。そのであいを、高野はつぎのように書く。一九〇三、四（明治三十六、七）年ごろをふりかえった回想である。

当時幸田露伴さんが舞の古刊本について研究してゐられると聞き、早速《さつそく》往訪したら、それは寛永板の二十幾冊かであつた。互に材料の交換もすれば多少は意見を上下しても見た。さうして越前の消息の外に、筑後の大江に幸若の一派が余喘を保つてゐることを其所で聞知することを得た。[*13]

たしかに、露伴は幸若舞と、そのテキストである『舞の本』へ関心をよせていた。一九〇六（明治三十九）年には、『新群書類従』の第八巻へ、それらを覆刻させている。いわゆる寛永版については、序文でこうも言っていた。「予は其数番を除きて之を目睹せり」と。[*14]

そう言えば、露伴は中国元代の楽劇である元曲にも、はやくから関心をよせていた。元曲も、通俗的にすぎると、漢文学者たちからは遠ざけられていたジャンルである。露伴以前だと、日本でも中国でも、これをまともに研究しようとする学者は、いなかった。その点では、幸若舞と、研究史上の位置がよくにている。そんな元曲の解説を、露伴は、一八九五（明治二十八）年に『太陽』へ、連載していた。

おそらく、近代的な知性が、通俗的な文芸にも興味をむけだしたということなのだろう。幸田露伴も、坪内逍遙とともにそういう先駆者たちのひとりとして、数えうる。幸若舞が、しだいに学術の世界へ浮上していく気運は、できだしていたのである。

さらに、上田万年は音韻学的な興味から、これをとりあげていた。一九〇四（明治三十七）年に、上田が『舞の本』を校訂したことは、既述のとおりである。また、高野辰之も、邦楽保存などの観点から、幸若舞研究にとりくみだしている。幸田露伴も、一九〇六（明治三十九）年に、覆刻版を刊行させていた。二十世紀初頭は、幸若舞への知的好奇心がふくらみだす時代だったと、言えるだろう。

坪内逍遙の百合若解釈は、一九〇六（明治三十九）年に、発表されている。坪内が、『百合若大臣』という幸若舞曲に目をむけたのも、こういう時勢のせいだろう。周囲でもりあがりだしていた気運に、あとおしされた部分はあったと思う。

そして、坪内は百合若がユリシーズにつながっていると、新しいことを言いたてた。そのためだろう。数ある幸若舞曲のなかでも、百合若に議論の集中しやすい傾向が、これ以後できあがる。幸若舞は、二十世紀初頭から、学界へ浮上した。なかでも、百合若が、坪内によってよりいっそう、脚光をあびだしたということか。

京都へつどう碩学たち

『百合若大臣』の物語は、ユリシーズ伝説の感化をうけて成立した。「百合若」の「百合《ゆり》」も、ユリシーズの「ユリ」に、つうじるのではないか。

坪内逍遙は、そんな新説を提出した。だが、その伝播経路については、何も論じていない。いつ、ユリシーズ伝説が、日本へつたわったのか。どこで、どのように受容されたのか。そのあたりの問題については、言及をさけている。

じじつ、坪内はつぎのようにも書いていた。

いづこの国人より、いつごろ我が国には伝へたりけん。我が文芸復興のフロレンス、ネープルスともいふべき山口、堺などを経て生ひたちしものかとも思はるれども、未だ考へず。[*15]

まだ考えつかないと、坪内は言う。両者が通底しあうことだけをのべて、文化交渉史の詳細は不問に付したのである。

伝播の様子は、わからない。それなのに、ユリシーズ伝説が翻案されたことは、「疑ふべきにあらぬもの」だという。

今日の学者なら、安易にすぎる断定だなと、あきれることだろう。伝来を主張するのなら、その証拠、もしくは痕跡がしめされてしかるべきじゃあないか。すくなくとも、伝播のコースをたどる仮説ぐらいは、展開してほしい。そんな印象を、誰しもいだくはずである。

その伝播経路に関する仮説を、坪内にかわって提示した学者が、同時代にひとりいる。言語学者の新村出《しんむらいずる》が、そのことを、坪内説発表の四年後にのべだした。

新村は、一九〇九（明治四十二）年に、ヨーロッパへの留学をおえて、帰国する。

そうそうに、京都帝大へ就任し、言語学を担当する教授となった。坪内の百合若翻案説を、補強する仮説が書かれたのは、その翌年である。ここに、「西洋文学翻訳の嚆矢」と題された新村の論考から、その部分をひいておこう。

海洋思想が発達した足利時代の末にコロンバスやマゼランやヴスコ・デ・ガマが出た後の十六世紀の後半期に、倭寇でも為さうな筑紫辺の若者がオディッシーズの子分の様な南蛮人から話として伝承したらうと思ふのは、たとひ自分一人の空想であつて、歴史的根拠がなくつても愉快極まることだ。*16

『オデュッセイア』は、海の英雄・オデュッセウスをえがいた物語である。そして、大航海時代の極東には、そんな英雄の子孫ともいうべき南蛮の船乗りが、大勢いた。おそらく、彼らがオデュッセウスの伝説を、ヨーロッパからはこんできたのだろう。それを、九州北部にいた海人、あるいは倭寇たちが、日本へもちこんだ……。

新村がしめしていたのは、そんな可能性である。もっとも、確信があっての主張ではないらしい。「空想」であり、「根拠」はないが「愉快」なことだと言いながら、のべている。だが、それでも同時に、すくなからぬ自信を、文面へはただよわせていた。たとえば、つぎのように。

伴天連どもがヴージルやホーマーを御伽噺として伝へたと考へるよりも、自分は寧ろ黒船の船頭や南蛮の商人の口から『ユリシーズ』の物語を聞いたと信じたい。[*17]

キリシタンの宣教師がもたらしたとする解釈を、新村はうけつけない。それよりは、極東へきていた船乗りからの伝播というコースを、強調する。「船頭や……商人の口から……聞いたと信じたい」とまで、書ききっている。では、どうして、そう「信じ」られるのか。

「さう信ずべき理由は種々あるが、其は近日別稿に於て詳《つまびらか》にしようと思ふ[*18]」。また、別の機会にのべるという。なんとも、もったいをつけた書きっぷりである。これを読んで、少々いらいらした読者も、いたのではないか。

この二カ月後に、新村は「南風」と題した論説を、京大の『芸文《げいもん》』という雑誌へ発表した。同じ、一九一〇（明治四十三）年のことである。そして、そのなかで新村は、ポルトガルの詩人・カモンエスの存在に注目する。そして、カモンエス経由で、ユリシーズ伝説が日本へとどいた可能性を、指摘した。

カモンエスは、ポルトガル建国の叙事詩『ルシアダス』の作者として、知られている。ルシアダスは、ルシタニア人、すなわちポルトガル人のことをさす。首都リスボア、（リスボン）の名も、このルシアにつうじるらしい。さらに、ウリスセス（ユリシーズ）がきずきあげたという創都伝説へも、つながるという。そう、リスボンはユリシーズが建設した都市だという伝説も、あるのである。

さて、詩人カモンエスは、一五四七（天文十六）年に、リスボンの宮廷から追放された。その後は、北アフリカ、インドへと、放浪の旅にでる。中国のマカオへも、一五五七（弘治三）年に、やってきた。じじつ、マカオには、彼の滞在を記念した広大な公園が、今もある。賈梅士《ガームイシー》公園（カモンエス公園）とよばれるところが、それである。

一五七〇（元亀元）年には、ゆるされて帰国した。『ルシアダス』を書きあげ、刊行させたのは、その二年後である。

新村は、そのカモンエスと百合若を、つぎのようにむすびつけて語りだす。

> 想像を逞しうすれば、日本人は媽港《マカオ》か満剌加《マラッカ》か、臥亜《ゴア》か、さもなくば「波濤の謫所」でカモエン《ママ》スに会ふ機会があり得た筈であるから、万一其口から古希臘《ギリシア》の百合若の話を聞いたならば、此上もない面白い話である。現に天文十七年（西紀一五四八年）薩南の若者の弥次郎《アンジロー》等が、満剌加でシャギエル上人に出遇つ……た事実があるではないか。況《ま》してやカモエン《ママ》ス自身は既に一箇のオギッソイスである*19

たしかに、フランシスコ・ザビエルは、マラッカで日本人の弥次郎と、会っている。ザビエルが、日本への布教を決意したのも、このときからである。

それと同じような遭遇が、カモンエスと日本の船乗りになかったとは、言いきれない。そして、そのであいから、ユリシーズ伝説が日本へ伝播したという話は、魅力的である。だが、あまりにも、空想的でありすぎる。新村出の文芸趣味が勝ちすぎたストーリーだと、そう言わざるをえない。

新村じしんも、そのことはわきまえていた。カモンエス経由説をのべたすぐあとで、こんな釈明を書いている。「予は今余りに外《はず》れた横道から本題に復《もど》らなければならぬ、史的空想から段々史実の道へ戻つて来ねばならぬ」と。[*20]

伝達者を、カモンエスひとりに限定するのは、どう考えても無理である。しかし、ポルトガル船と日本人が、早くからであっていた可能性は、じゅうぶんある。この点は、新村の着眼点として、特筆しておきたい。

問題は、ポルトガルの船員たちに、ギリシア古典の教養があったかどうかであろう。たしかに、ルネッサンス期以後は、古典古代の文化が大きくよみがえっていた。だが、そういった知識が、船乗りたちにもとどいていたかどうかは、うたがわしい。

そのあたりの疑問を、おしきってのことだろう。新村は、つぎのようにものべていた。

十六世紀の遅くも後半期には、国都の建立者たるウリッセスの物語は、人口に膾炙して居たらう……東洋へ渡つた船頭や商賈達は此物語に非常な興味を感じてゐたらうと思はれる。況んや彼等自身は皆オヂッソイスであり、オヂッソイスの船子どもであつた……オヂッソイスの冒険譚が彼等の口から極東の港に伝はり、更に語り継ぎ、言ひ継がるる様になりはしなかつたらうか。[*21]

船乗りたちは、海の英雄・オデュッセウスの子孫である。新村は、そのことを強調しつつ、ユリシーズ伝説が彼らにも知られていたと、力説した。しかし、船乗りだから船乗りについての古典を知っていたという保証は、ぜんぜんない。この強弁には、その点で無理があるというべきだろう。

おそらく、新村も船乗りたちの教養水準に、全幅の信頼がおけなかったのだと思う。彼らが、古典古代に関する教養をもっていたと、言いきるだけの確信はもちえない。だからこそ、彼らはオデュッセウスの子孫なんだと言う空疎な修辞に、よりかかる。この文飾からも、ほんとうの自信が新村にはなかったことを、読みとれよう。

カモンエスの話をもちだしたのも、同じ理由によるのではなかろうか。新村は、人文的教養にめぐまれたものが、極東まできていた話を、ほしがった。船乗りが、日本近海にいたという話では、やはり不安だったのである。それだけだと、西洋の古典が東伝したということには、なりにくい。どうしても、古典に精通した教養人を、伝播のにないてとしてクローズアップしたかった。

カモンエスの話は、そんな新村がすがりついた文化史上のエピソードに、ほかならない。おぼれるものがつかんだワラにも見えると言えば、言いすぎか。じっさい、新村じしんもこれがたよりない「空想」であることは、自覚していたのだから。

坪内逍遙の文章をあつめた『逍遙選集』は、一九二七（昭和二）年に完成した。別巻の三冊をふくめ、合計十五巻の構成になっている。刊行がはじまったのは、前年、一九二六（大正十五）年の七月からである。

同年の五月には、その出版を記念して、大阪で文芸講演会がひらかれた。新村出も、そこへまねかれ、坪内の思い出を語っている。

新村は、その講演を『百合若大臣』の話で、むすんでいた。その部分を、つぎに紹介しておこう。

坪内先生は……百合若伝説のことについて書かれ……大変面白いサヂェッションを与へられたのであります。それは明治三十九年の正月で、私はその頃から研究生活に深入りして……明治四十二年西洋から帰つて参りまして翌年……この百合若伝説はポルトガル人に依つて日本へ入つたのであらうといふことを書いて先生の往年のサヂェッションに応へたことがあります。[*22]

坪内が書いた「百合若伝説の本源」からは、大きな示唆をうけていたらしい。じじつ、新村は、ポルトガルの船乗りらから伝説がつたわった可能性を、提言した。そうすることで、坪内からうけた感銘に、こたえていたというのである。よほど大きな刺激を、坪内からはこうむっていたということか。

新村は、この講演で、こんな言葉もはいている。「先生から受けた感銘……の或るものは私の素質とも一致し……助長していつた」と。[*23]

けっきょく、新村は、百合若＝ユリシーズ翻案説の類が、好きだったのだろう。もちろん、まったく可能性がない話なら、同調することもなかったと思う。だが、そこの蓋然性があるのなら、積極的に肯定してみたい。そんな「素質」が、そなわっていたのではないか。

カモンエスや、ポルトガルの船乗りを伝達者とする自説には、あやういところがある。新村ほどの学者なら、そのあぶなっかしさは、じゅうぶん承知していただろう。にもかかわらず、新村は坪内の提案に応答した。学術的には、冒険をおかしながら、サポートした。やはり、こういう東西文化の伝播説が好きだったのだと、言うしかない。

新村の研究業績に、天草版『エソポのファブラス』の校訂があることは、知られている。

十六世紀末から、イエズス会は、長崎でいくつかの書物を刊行させていた。いっぱんには、天草版と通称されている。そして、そのなかには、日本語へ訳された『イソップ物語』もあった。『エソポのファブラス』とよばれる本が、それである。一五九三（文禄二）年に、ラテン語から訳され、ローマ字表記の口語体で刊行された。宣教師が、日本語の教材につかうテキストだったという。

さらに、国字の文語体で書かれた『伊曾保物語』も、それとは別に出版されていた。十六世紀末から十七世紀初頭にかけてのことである。そして、これらの本は、江戸時代をつうじて、すくなからず読まれていた。

イソップの童話が、十六世紀以後の日本へつたわっていたことは、うたがえない。そのあきらかな物的証拠が、有無を言わさぬかたちで、のこっている。たとえ、伝播論がきらいなひとでも、これだけはみとめざるをえないだろう。

『エソポのファブラス』が残存していたのは、ロンドンの大英博物館である。新村出は、そこへ、一九〇八（明治四十一）年の年末に、たちよった。そして、それをすべてノートに書きうつし、日本へもちかえったのである。その成果は、一九一一（明治四十四）年に、『文禄旧訳伊曾保物語』として刊行させている。

もちろん、イソップ童話が日本へつたわっていたことは、以前から知られていた。ローマ字本があることも、同様である。イギリスの外交官であるアーネスト・サトウが、それをつきとめていた。これを大英博物館へもちこんだのも、サトウ本人だったろうか。いずれにせよ新村は、その所在を知ったうえで、博物館まででかけていたのである。

ひとつには、十六世紀の口語体を読みとれるという、言語学者らしい期待があったろう。その一方で、新村の情熱が、日欧交渉史の解明にあったことも、まちがいない。くりかえすが、新村はそういうテーマを愛好していたのである。

坪内の百合若＝ユリシーズ翻案説へとびついたのも、そんな資質があったからだろう。

だが、ユリシーズ伝説の日本伝来に関しては、明白な物的証拠が見あたらない。『エソポのファブラス』や、『伊曾保物語』に類する文献は、のこっていなかった。坪内の新説も、文献史料をおさえたうえで、実証的に支持することはできないのである。

にもかかわらず、ああいった話には、興味がわく。なんとか、応援してやりたい。そうねがったからこそ、新村は口頭で伝説が語りつがれた可能性を、強調した。ポルトガルの船乗りが、あるいはカモンエスが、日本人に聞かせていたのではないか、と。

口頭での伝達という話なら、文献的証拠が見つからなくても、おしきれる。新村の脳裏には、そんなかけひきめいた判断も、あっただろう。

宣教師からの伝播より、船乗りたちのほうを重視したのも、そのためかもしれない。伝播のにないてが宣教師だということになれば、どうしても記録史料がほしくなる。周知のように、宣教師たちは、厖大な記録をのこしている。たとえば、『エソポのファブラス』などを。その記録類に、伝播の痕跡がなければ、伝播説じたいも、あやしくなってくるだろう。

もちろん、それではこまる。だからこそ、文献的記録を期待しなくてもすむ船乗りが、浮上したとは言えまいか。この点でも、くるしまぎれといった一面は、あるように思えてならない。

あと、イエズス会士にたいする先入観も、宣教師からの伝播を考えにくくさせたろう。彼らは、熱心なクリスチャンだと思われていた。ユリシーズをはじめとする異教の古典が、好きだったとは考えにくい。それで、彼らを伝達者としては、イメージしづらかったという一面も、あったろう。もっとも、この点は、あとでそうでもなかったということが、判明するのだが。

新村の学友に、詩人として有名な上田敏がいた。ともに、東京師範学校の同僚として、若いころをすごしている。その上田が、一九〇六（明治三十九）年の「鏡影録」で、興味深いことを書いていた。坪内説を、その発表直後に、こう論評しているのである。

斯《かか》る事は西欧学界の一方に緻密の研究ありて、一種の学者の喜ぶ所、余一個人にとりては殊に興味多し。然《しか》れどもこれわが足利文学と西洋文学との関係なるか、或は文字に徴す可からざる伝説其物の交渉にはあらざるか、尚ほ考ふ可し。*24

ユリシーズ伝説東伝論の類は、西欧にもよろこぶ学者がいる。自分も、おもしろく思う。だが、文学作品の伝播があったと、はたして言えるのか。文字にしるされないかたちで、伝説がつたわったと考えるのは、どうだろう。そう書きながら、上田も口頭での伝播に思いをはせている。新村と似たような考えを、めぐらせていたことが、読みとれよう。

なお、上田敏も、一九〇八（明治四十一）年に、京都帝大へ就任した。担当は、英文学である。翌年には教授となっている。新村が、京大へかえってきたのも、その同じ年である。以後ふたりは、京都でも同僚でありつづけた。新村がもちかえった『エソポのファブラス』を、両名で検討しあったりもしている。

さきに、くわしく書いておくべきだったかもしれない。アーネスト・サトウから、大英博物館の情報をしいれていたのも、じつは上田である。サトウは、私家版の『日本耶蘇会刊行書誌《ジエズイット・ミツシヨンプレス・イン・ジヤパン》』（一八八八年）に、そのことを書いていた。上田はそれを東京帝大の図書館で見つけ、知るようになったのである。『エソポのファブラス』が、ロンドンにあることを。

この点について、上田敏はつぎのような記録を、のこしている。

> 東京帝国大学の書庫中に……サトウ氏の……解題を見出して、文禄二年天草の……伊曾保喩言集あるを始めて知り……大英博物館珍蔵の文禄本について取調べてみたいといふ下心もあつたのだが……新村博士は、かの文禄本を親しく手写され[*25]

おそらく、上田が大英博物館のことを、新村にもつたえていたのだろう。そして、ロンドンへでかけた新村が、そのうつしをもちかえったのだと思う。

ひょっとしたら、百合若解釈においても、一種の連携はあったのかもしれない。ふたりのつながりをながめていると、そんなふうにも思えてくる。しかし、その実情は不明だと言うしかない。ともかく、新村には、上田敏という、坪内へのエールをわかちあえる仲間がいた。いまは、そのことを指摘するに、とどめておく。

京大での話を、もうすこしつづけたい。

ロンドンからかえってきた新村は、東洋史の羽田亨《はねだとおる》とも、であっている。のちに、中央アジア史や西域史で、大きな業績をのこす研究者と知りあうようになる。その羽田も、新村が帰国した一九〇九（明治四十二）年当時は、しかしまだまだ若かった。ようやく、京大の大学院をおえて、同大学の講師になったころである。

当時の羽田は、京都の栂尾山《とがのおさん》高山寺に伝来した「南番文字」の解読を、てがけていた。高山寺は、鎌倉時代の僧侶・明恵《みょうえ》がひらいた寺である。そして明恵は、中国へ留学した慶政という僧から、ある文書をあずかった。慶政が、福建省の泉州であったインド人に、書かせたという文書である。明治維新のさいに、高山寺の手をはなれ、以後は京都の山田家が所蔵することとなった。

この文書が、いつごろから「南番文字」とよばれだしたのかは、わからない。とにかく、インド人の手蹟だというこの文書は、それまで誰にも解読されてこなかった。「南番」という通称も、得体が知れないというところから、つけられたのだろう。

若き羽田亨が、読みとこうとしたのは、そんな文書である。さいわい、文字の正体は、たちどころに判明した。なんといっても、羽田は中央アジアや西アジアの諸言語に、つうじている。ペルシア文字でつづられていると即断したうえで、文面の内容もつきとめた。おおよそ八百年の歳月をへて、ようやく日本人にも了解されたのである。

羽田は、その読解を、京都の史学研究会で、一九〇九（明治四十二）年に発表した。さらに、翌年の『史学研究会報告集』（三巻）へも、くわしい報告を書いている。「我国に伝はれる波斯《ペルシア》文に就て」という論文が、それである。

この仕事にたいしては、新村出も協力をおしまなかったらしい。「新村先生は……いろいろ慶政上人のことなどについて御助言になったという[*26]」。羽田の弟子にあたる神田喜一郎が、そんな回想を書いている。もちろん新村は、史学研究会の例会にも出席して、羽田の発表を聞いていた。

ペルシア語で書かれた文書が、中国の福建省を経由して、日本へとどいている。しかも、明恵の時代だから、十二世紀から十三世紀にかけて。そんな古い時代にも、東西の直接的な文化接触は、おこりえた。新村には、そのことが、羽田への協力をつうじて、ふかく実感されただろう。東西文化の交渉史がもつおもしろさを、あらためて反芻していたかもしれない。

ユリシーズの伝説は、ポルトガル人によって極東まで、もたらされていた。それを、大陸へでかけていった日本人が、本国にもちかえる。百合若伝説のルーツについて、新村はそんな伝播仮説を、たてていた。

このコースは、高山寺の「南番文字」が日本へ渡来した道筋とも、つうじあう。どちらも、極東の大陸で文化のうけわたしがあったというストーリーに、なっている。

新村が、羽田のてがけた文化伝播史から、刺激をうけなかったとは、言いきれまい。百合若に関する仮説も、「南番文字」の話から勇気づけられていた可能性は、あるだろう。新村が百合若伝説の伝播論を書いたのは、羽田による「南番文字」解読の翌年なのである。

羽田と新村の交際については、後日談がある。それも、神田喜一郎が書きとめているので、披露しておこう。

一九五三（昭和二十八）年のことであったという。当時、国立京都博物館の館長職をつとめていた神田は、師の羽田に学術講演を依頼した。博物館でひらいている講座の、その講師をひきうけてほしいと、申しこんだのである。演題については、「南番文字」の話がうかがいたいと、注文をつけながら。

この要請を、七十一歳の羽田は、快諾した。二年後には、病死する羽田である。これが、最後の学術講演であったかもしれない。羽田は、講演のデビューを、「南番文字」でかざり、最後も同じテーマでしめくくった。神田は、そんなふうにも書いている。[*27]

羽田が講師をつとめる博物館の会場へは、七十六歳の新村も聴講のためにでかけてきた。四十四年前にその研究をてつだい、研究会の席上でも聞いたことがある。おそらくは、そんな想い出をひめながら、会場まで足をはこんできたのである。

羽田先生も新村先生の特にお越しになったことを大変にお喜び……御講演の済みました後、わたくしの館長室で両先生とも大変愉快そうに、それからそれへと懐旧談に花をお咲かしになり、いつ果てるとも分らない程でありました。あたりの薄暗くなって参りましたのを機《しお》に、両先生を促して一緒に御宅へお送り申します途中、自動車を止めて四条通の或る喫茶店にお供いたしましたところ、両先生ともこんなところへ来るのは初めてだと仰《おっしゃ》られ、そこでもまた一時お話がはずみました……*28

神田は、以上のように、当日の様子をえがいている。彼らの、なつかしさによる高ぶりが、よくわかる。新村出、羽田亨、神田喜一郎……。京都の学術をささえた碩学たちが、時間をわすれた一日ではあった。

新村の百合若解釈には、羽田からの刺激があったかもしれない。さきほどは、そう書いた。むろん、根拠があってのことではない。臆測をめぐらせたというにとどまる。ひょっとしたら、京都学派をめぐる感傷的な逸話で、判断をあやまったかもしれない。

ユリシーズを歓迎した時代

ユリシーズ伝説が、ポルトガル船にのって極東までやってくる。さらに、日本海の海人たちが、それを日本列島へもちはこぶ。『百合若大臣』は、その刺激をうけて成立したのではないか。

新村出は、百合若伝説の起源を、以上のように考える。ここまでは、そんな着想がいだき得た背景を、新村の個人史にさぐってきた。

だが、どうだろう。同時代の学者で、百合若＝ユリシーズ起源説を支持したのは、新村ひとりにかぎらない。これからくわしく紹介していくが、ほかにもたくさんいる。というか、高野辰之以外の学者は、たいてい賛成する側へまわっていた。

たしかに、伝播の経路をめぐる着眼には、新村の個人的な背景も作用しただろう。しかし、ユリシーズ起源説への同意じたいが、プライベートな事情によるとは、思えない。なにしろ、大勢の学者たちが、賛意をあらわしていたのである。新村にも、そんな同時代の時流を、彼らと共有していた部分はあったろう。

坪内逍遙が、ユリシーズ起源説を発表したのは、一九〇六（明治三十九）年のことである。『早稲田文学』の再刊された第一号、一月号へそれを掲載したことは、すでにのべた。

その四カ月後に、同じ『早稲田文学』へ、賛成のコメントをよせたものがいる。幸堂得知というひとが、つぎのようなことを書いていた。

一月の巻に坪内博士が百合若の本源はオデッシーの粗筋を翻案したるものなりとて

原作の大略を説《とか》れ[*29]……其出所を明らかにしたり、翻案のくさぐさは博士の説に委敷《ママ》あれば言はず……。

坪内が、オデュッセウスとのつながりを、あきらかにした。だから、自分はそのことに言及せず、ほかのことを論じたいとのべている。坪内の翻案説を、すでに明示された不動の前提として、うけいれているのである。

一九〇九（明治四十二）年には、『希臘《ギリシア》神話』と題された本が、出版されている。ボールドウィンの英語版などから、訳述した書物である。なかの、ユリシーズを論じたくだりは、末尾につぎのような補註が、そえられていた。

此の叙事詩……我が国にも伝はり……翻案せられて「百合若大臣」の伝説となれること坪内博士の考証によりて明らかとなりぬ[*30]。

かなり明白に、有無を言わさぬ調子で、坪内説が肯定されている。

もっとも、この支持説は、少々わりびいて考える必要があるかもしれない。なぜなら、この本の訳述作業じたいが、坪内本人の指導をうけているからである。『希臘神話』の「例言」には、こうある。「訳文につきては起稿の時坪内先生の示教を受くる所多かりき」と。[*31] のみならず、その序文じたいも、坪内によって書かれていた。

　これは、事実上、坪内の監修になる本なのである。坪内説が、そこで肯定されているのも、とうぜんではあったろう。自分の本で、自説をほめあげる。そんなニュアンスのあることも、いなめない。

　もちろん、坪内とは直接関係のない著者が、坪内説を評価することもあった。たとえば、国文学者の平出鏗二郎《ひらでこうじろう》が、坪内説をこう論じている。「その説肯綮に当り、単に暗合とは見るべからざるが如し」と。[*32] 平出もまた、百合若伝説が、「希臘《ギリシア》の神話より出でたる」ことを、信じたのである。一九〇九（明治四十二）年の指摘であった。

　翌、一九一〇（明治四十三）年にも、野々口精一が、坪内評価の文章を書いている。坪内は、百合若伝説が、「オデツシーの翻案たる事を明にせられた」。[*33] そのことをみとめたうえで、野々口は自分の話にはいっている。

　高木敏雄という学者のことを、ごぞんじだろう。日本に近代的な神話学をねづかせた、そのパイオニアともいうべき研究者である。この高木も、一九一〇（明治四十三）年に、坪内説を肯定した。「驢馬の耳」という論考のなかで、こう書いている。「百合若伝説はギリシアのウリス伝説の翻案だと証明された」と。[*34]

　最後に、民俗学の南方熊楠がのこしたコメントを、披露しておこう。南方の仕事についてては、ことあらためて紹介するまでもあるまい。圧倒的な博識をほこる、民俗学をこえた学者として、ひろく知られている。その南方が、「西暦九世紀の支那書に載せたるシンダレラ物語」で、こうのべた。一九一一（明治四十四）年の指摘である。

百合若の伝に、ウリッセスの伝と相似の点多きのみならず、主人公の名また相似たるを見れば、まことに博士（筆者註　坪内逍遙のこと）の説のごとく、そのころ南蛮人が齎《もたら》したるギリシアの旧譚が、日本に転化されて、百合若の物語となり、幸若の舞題に用いられて、盛んに人口に膾炙したるなるべし。[*35]

多くの学者が、坪内説に傾斜していったことを、読みとれよう。伝播をしめす実証的な根拠がないのに、ユリシーズ起源説は、オーソライズされていく。ただ、両者がよく似ているというだけで。南方熊楠にいたっては、百合の名がユリシーズとつながることまで、みとめている。二十世紀初頭までの学界は、そんな水準にあったということか。

新村出が、自説のあやうさを自覚していたことは、さきにものべた。新村の場合は、まだしも坪内説になだれこむ時流から、距離をおいていたほうである。ほとんどうたがわずに、ユリシーズ説を信じこんだ学者も、たくさんいたのだから。

話題を現代に転じたい。一九八五（昭和六十）年に、「民間伝承」と題されたシンポジウムが、開催された。国立民族学博物館に、伝承文芸の研究者たちがあつまってひらいた共同討議である。その記録を読んでいても、百合若＝ユリシーズ説の旗色が悪いことは、よくわかる。二十世紀初頭までとちがい、今ではその支持者が、すっかり少数派におちている。

そういう少数派のひとりである荒木博之が、とくに発言をもとめ、ユリシーズ説を主張した。もちろん、ほかの参加者たちは、なびかない。この、やや場ちがいといってい い発言を、おおむね否定的にあつかった。

ここで注目すべきは、荒木発言がしめす学界情勢の見取図である。荒木は、以下のような気分もあって、ユリシーズ説がけむたがられているという。

これは坪内逍遙以来の議論なのですが、ユリシーズと関連するかどうか。坪内逍遙は素人だからそう思っただけだろう……という話もあるわけですが……。[*36]

坪内なんか、しろうとじゃあないか。とうてい信用できない。荒木は、そんなふうに坪内と坪内説を見下す空気が、学界にあるという。

これは、じじつそのとおりだろう。別のある座談会でも、民間説話にくわしい民俗学者の関敬吾が、こう言っていた。百合若の「百合《ユリ》」は、ユリシーズの「ユリ」につながらない。「それを言い出したのは坪内逍遙でしょ。彼は演劇学者ですからね」[*37]。専門の説話学者でもない坪内の指摘は、うけいれられないというのである。

だが、どうだろう。二十世紀初頭までは、専門家たちも、高く評価した。文化交渉史の新村出、神話学者の高木敏雄、そして民俗学の南方熊楠……。そうそうたる学者たちが、ユリシーズ説へ傾斜していたのである。

坪内はしろうとだから、その説はうけいれがたい。現代の専門家たちは、しばしばそんな口吻をもらしている。では、なぜ、専門家たちが、しろうとの坪内を支持していた時代も、あったのか。しろうとだからだめだと言っているだけでは、そのあたりの事情がわからない。

どうやら、まだまだ学説史をさぐってみる必要が、ありそうである。

聖徳太子はキリストか

イエス・キリストと聖徳太子の伝記は、たがいにつうじあう部分をもつ。聖徳太子に、厩戸《うまやどの》皇子という別名があったことは、よく知られていよう。母親である間人《はしひと》后が、厩の戸にあたって産気づいたため、そう名付けられたという。太子の事績をあらわした『上宮聖徳法王帝説』に、この話はのっている。また、『日本書紀』にも、同じことが記載されていた。

新約聖書がつたえるキリスト誕生譚にも、似たようなくだりはある。キリストもまた、母のマリアが馬小屋で産気づいて、生まれたことになっていた。

新約聖書が編纂されたのは、二世紀中葉までのことである。『日本書紀』や『法王帝説』は、八世紀初頭に書かれていた。その両者が、ともに聖人、偉人の誕生伝説を、馬小屋へむすびつけている。どうして、こういう似かよった話が、できたのか。ひょっとしたら、なんらかの文化伝播があったのかもしれない。そんな空想も、わいてくる。

聖徳太子の伝記をえがいたものに、『上宮聖徳太子伝補闕記《ほけつき》』という文献もある。九世紀前半ごろにまとめられた、一種の伝奇文学である。話があまりに非現実的なので、歴史の記録としては、まったく信用されていない。だが、そこでしるされた太子の誕生譚には、興味をそそられる。『日本書紀』以上に聖書とよく似た記述が、あるからである。

『補闕記』には、こうある。ある夜、間人后は、金色にかがやく僧侶のおつげを、夢の中で聞きとった。その僧は、救世のねがいを実現するために、間人后の腹をかりて生まれたいと、告知する。この夢告を承諾して出産したのが聖徳太子、厩戸皇子だというのである。

新約聖書との類似は、明白であろう。キリストもまた、受胎告知をへて、うまれていた。大天使ガブリエルが、夢の中で、救世主の誕生を、マリアにつげていたのである。

馬小屋のみならず、夢による霊告という共通点もある。これだけ似ていると、文化伝播の可能性を、よりいっそう考えさせられる。『日本書紀』や『法王帝説』は、ぐうぜんの一致かもしれない。だが、『補闕記』へは、聖書の話もとどいていたろうと、本気で想像したくなってくる。

しかも、両者のあいだには、伝播経路を想定することができる。いうまでもない。ネストリウス派にぞくするキリスト教徒たちのことである。

彼らについては、はじめのほうで、くわしく論じたことがある。ここでは、かんたんな説明に、とどめておこう。

七世紀以後、唐代の中国には、数多くのキリスト教徒がいた。中国では景教とよばれた、ネストリウス派の信者たちである。彼らは、西方で異端視され、東方へ活路を見いだすべく、中国の唐までやってきた。そして、唐の王室にも認知され、首都の長安で、布教活動をはじめていたのである。

もし、彼らの説教を、日本から派遣された遣唐使の留学生たちが、聞いていたとしたら。聖人が天使の受胎告知により、馬小屋で誕生する物語を、知ったとしたら。

遣唐使が唐へ行っていたのは、七世紀から九世紀にかけてのことである。時期的には、景教が長安で盛期をむかえていたころと、一致する。留学生たちが、西方からやってきたこの宗教とであっていた可能性は、ひくくない。

そして、彼らは、日本へかえってから、図書編纂の仕事などにたずさわる。もし、そんなおりに、長安でしいれたキリスト誕生譚が、脳裏をよぎっていたとすれば。さらに、それを聖徳太子伝の叙述へ転用していたと、仮定すれば。聖徳太子の誕生伝説が、キリスト生誕の話と似ている理由も、読めてくる。

もちろん、そうだと証明できるわけではない。証拠は、何ひとつないのである。ただ、両者がよく似ており、伝播のにない手も想定しうるというに、とどまる。蓋然性はあるというだけのことなのである。

しかし、その可能性じたいは、けっしてひくくない。ありえないことでは、ないのである。そのためだろう。専門の歴史学者にも、キリスト生誕伝説の伝播論を肯定するものは、すくなくない。じっさい、井上光貞[*38]、家永三郎[*39]、青木和夫[*40]らが、好意的なコメントを書いている。

むろん、懐疑的な態度をとる研究者も、多い。キリスト教学の海老沢有道[*41]や、仏教史の田村円澄[*42]は、否定的な見解をしめしている。決定的な証拠がない以上、不用意な伝播論はつつしむべきだというのである。

率直に言って、賛否は相なかばするというあたりが、現状であろう。数としては、意見の表明をひかえる研究者が、大半をしめている。だが、あえて説をとなえるものの数をくらべれば、互角に拮抗しあっているのではないか。日本史、いわゆる国史関係者にかぎれば、賛成説のほうが有力かもしれない。

キリストと聖徳太子の伝説が、ユーラシアをこえてつうじあう。新約聖書の物語が、はるか極東の古代に、とどいていた。

なんとも、ロマンティックな話である。学者たちの用心ぶかい性格を考えると、学界から歓迎されそうな話には、思えない。どちらかと言えば、眉に唾をつけられそうなストーリーである。にもかかわらず、肯定的なアカデミシャンは、けっこういる。その蓋然性は、むしろ意外に高く評価されていると、言ったほうがいいのかもしれない。

学界の一部には、百合若《ゆりわか》伝説の起源を、ユリシーズ物語だとする説がある。聖徳太子の場合と同じく、西方からの伝播を揚言する説である。だが、この百合若＝ユリシーズ起源説を支持する研究者は、現在けっして多くない。大勢は、逆に、否定的な態度をとっている。聖徳太子伝説＝新約聖書起源説とくらべれば、冷遇されていると言うべきか。

このちがいは、伝播のにない手をめぐるリアリティの強弱に、由来すると思われる。聖徳太子の場合は、伝播の経路がひとつにかぎられる。長安の景教徒から、遣唐使の留学生へというコースに、ほぼ限定されてしまう。それ以外の筋道は、考えにくい。

いっぽう、百合若に関しては、その点があいまいである。いろいろな可能性を、想像しうるが、決定的な伝播経路は見いだせない。学界で共感をよびにくい一因は、このあたりにもあると思うのだが、どうだろう。

ついでながら、太子伝説について、私見をのべそえる。私じしんは、ネストリウス派をつうじた物語の伝播説に、ややためらう。この一派は、マリアの聖性を否定したために、地中海世界から追放された。ユーラシアの東側までやってきたのも、そのためである。そんな彼らが、マリアの美化された受胎告知譚を、長安でひろめていたとは思いにくい。この点に、どうしてもわだかまりをおぼえる。

ただ、中央アジアをゆきかう、たとえばソグド商人の情報伝播力はあなどれまい。彼らがさまざまな物語を、聖書のそれにかぎらずつたえた可能性はあるだろう。私としては、そこをくみとり、受胎告知譚の東伝説もたもちたい。

遣唐使の留学生が、長安でネストリウス派のキリスト教徒たちと、接触した。そして、当地でまなんだキリスト降誕の物語を、日本へもちかえる。さらに、その話を、聖徳太子の伝記へ借用する。

その可能性を、最初に強調したのは、歴史家の久米邦武であった。一九〇三（明治三十六）年のことである。久米は、自著の『聖徳太子実録』で、つぎのようにのべだした。

廐戸の産に金人の夢を輳合して、救世菩薩の化身となしたるは、救世主耶蘇《エース》が馬利《メーリー》の腹に托して、廐にて生るといふ、該教の新約書に似たる事なり……廐戸を馬屋戸《まやど》となす説は早く帝説書紀よりあり。是も……馬槽に寝せたるを救世主耶蘇基督《エースキリスト》とするに相似たり……是必ず暗合にはあらじ[*43]。

『補闕記』の太子伝は、聖書のそれとよくにている。『法王帝説』や『書紀』の記述も、イエス・キリストの伝説に近い。ぜったいに、偶然の一致ではないだろう。以上のようにのべてから、久米は、両者の関係をこう類推した。

飛鳥奈良の朝の比《ころ》に渡唐の僧徒が、耶蘇基督《エースキリスト》の事を聞知りたりといふは、一考すべき価値のある問題なり。天主教の支那大陸に入りたるは六朝時代にあること……遣唐学生学僧が羅馬《ローマ》の天主教を聞伝へたるといふを怪まず……隋唐の比《ころ》に耶蘇教の支那に伝播[*44]し、其説を太子の伝に付会しあるといふも、決して牽強の説とは聞《きく》ことなかるべし。

久米の歴史理解には、まちがっているところもある。中国へのキリスト教伝来を、六朝時代にもとめている箇所は、うなずけない。いくらなんでも早すぎる。景教が長安へはいってきたのは、唐代になってからであった。隋より古い六朝期に、キリスト教徒がいたという証拠はない。にもかかわらず、久米は隋以前の時代から、中国へキリスト教がとどいていたという。

おそらく、祆《けん》教と景教のことを、混同してしまったのだろう。祆教はゾロアスター教をさす漢語である。中国へは、六朝期、あるいは北魏のころに、ペルシアからこの宗教がはいっている。それを、中国側の記録は、祆教という言葉でしるしてきた。

これらの漢籍は、祆教や景教、そして摩尼《マニ》教の区別を、それほど明確にしていない。ゾロアスター教、マニ教、キリスト教の伝来を、一連の現象としてあつかう傾向がある。西方から、似たような新宗教が、ぞくぞくとはいってきたかのように、しるしている。

そして、中国の史書は、祆教の中国到着を、隋より前のできごととしてとらえていた。ほんらいなら、これはゾロアスター教だけの伝来として、把握するべき話なのである。だが、久米は、それこそがキリスト教であると、誤解してしまったらしい。

じじつ、久米は『説文解字』、『瀛寰《えいかん》志略』などといった記録を、ひいている。そして、それらの文献に、隋以前の祆教流入説がしるされていることを、紹介した。さらに、そのうえで、「天主教の支那大陸に入りたるは六朝時代」だと、のべている。[*45]

けっきょく、久米のころには、そこまで景教の知識が普及していなかったのだろう。じっさい、日本で景教の研究がすすむのは、もうすこしあとになってからである。桑原隲蔵《じつぞう》や羽田亨《とおる》らの仕事が世にでるまでは、理解もなかなかすすまない。西方からの新宗教として、祆教も景教も、あまり区別せずにうけとめる。そんな水準に、とどまったのだと思う。

江戸時代の学者たちにも、景教の知識をもっていたものはいる。儒学者の太田錦城と、大名でもあった松浦静山が、たとえばそうである。彼らはともに、唐の長安から古代の日本へ、キリスト教がつたわっていたと力説した。京都の太秦《うずまさ》広隆寺に、その痕跡を読みとっていたことは、既述のとおりである。

彼ら十九世紀初頭の学者たちも、やはり景教と祆《けん》教を、明白には区別していない。一連の同じような宗教として、とらえている。二十世紀初頭の久米邦武も、その点では、江戸期の学術水準をこえきっていない。

のみならず、久米の提示した新説には、古くからの景教理解へつうじる一面が、あった。太田錦城や松浦静山らのしめした伝播説と、よく似てもいたのである。

唐の長安へ、西方からキリスト教がやってくる。それを、遣唐使たちが、日本へももちかえる。そして、キリスト教の精神がこめられた寺院を、京都の太秦に建立した。錦城や静山らは、ほぼ同じころに、そんな文化伝播史を書いている。

太秦が、そうした歴史叙述の焦点となったのは、長安の大秦寺に由来する。中国の史書によれば、キリスト教徒たちが長安でたてた寺院は、大秦寺とよばれていた。そして、京都には古くから太秦という地名があり、広隆寺という寺もつづいている。

彼らが目をつけたのも、「太秦」と「大秦」寺という、名称の類似性である。長安のキリスト教寺院と同じ名の地名が、京都には古代からあった。その名が当地につけられたのも、大秦寺の宗教がつたわっていたからではないか。錦城や静山は、そんなふうにして、景教の日本伝来説を考えついていたのである。

このことも、以前にのべたことがある。ここでは、くわしい説明をはぶきたい。今、注目したいのは、彼らの見解が、百年後の久米とつうじあう点である。どちらも、古代の日本へ、キリスト教につながる要素がとどいていたことを、主張する。そして、ともに、景教を伝播の媒介者として、特筆した。両者は同じ図式で、構成されているのである。

久米邦武の厩戸伝説＝聖書起源説については、着想の妙を評価するむきが、すくなくない。学術的な当否はともかく、国際的な発想のひろがりに感心するものは、けっこういる。たとえば、こんなふうに。「注目するのは……彼のそのグローバルな視野の広さとその想像力の豊かさに対してである」[*46]。

たしかに、久米はグローバルな聖徳太子論を、展開していた。しかし、こういう見取図を提示した先達が、江戸時代にいなかったわけではない。唐の景教が、古代の日本へ、キリスト教的な何かをつたえていた。こう考える者は、久米より百年前の鎖国時代にも、いたのである。

「グローバルな視野の広さ」を感心すべきは、むしろ江戸期の学者についてであろう。海外情報がすくない時代に、彼らは古代の日本へ、世界史を投影させていた。欧米体験もある久米よりは、よほど想像力をはばたかせていたと言うべきである。

もっとも、学術的な蓋然性という点では、久米説のほうが江戸期のそれを、上まわる。じっさい、太秦にキリスト教の痕跡を読みとるのは、とうてい無理である。あまりに、話が飛躍しすぎていると、そう言わざるをえない。これにくらべれば、厩戸伝説＝聖書起源説は、大きな可能性をそなえている。

想像力の飛翔という点では、江戸期の学者にかなわない。だが、学術的な妥当性ということになると、やはり久米説は光ってくる。こちらに関しては、旧幕時代の水準をこえたといって、いいだろう。

明治新政府が、欧米へ大がかりな外交使節を派遣したことは、よく知られている。一八七一（明治四）年から、一八七三（明治六）年にかけてのことである。右大臣・岩倉具視《ともみ》を全権大使とする使節が、欧米諸国を二年にわたって歴訪した。リーダーである岩倉の名をとって、いっぱんには岩倉使節団と通称されている。

使節は、いわゆる条約改正を、外交上の目的としていた。欧米との不平等条約を撤廃して、対等の外交関係を樹立する。そのために、この大使節団は派遣されていたのである。岩倉以外にも、木戸孝允《たかよし》や大久保利通《としみち》、そして伊藤博文らが参加していた。大物をそろえたその顔ぶれからも、使節のいきごみがうかがえる。

けっきょく、使節は不平等条約を破棄させるまでに、いたれない。あいかわらず、欧米優位の外交関係が、継続した。そして、外交に失敗したあとの使節は、先進文明の視察へと、その目標をきりかえる。使節の記録である『米欧回覧実記』も、そんな観察にページの多くをさいている。

これもよく知られることだが、その記録を書いたのは、久米邦武である。使節の随員でもあった久米は、帰国後に『米欧回覧実記』の執筆を、まかされた。そして、一八七八（明治十一）年には、これをまとめあげている。全百巻（五編五冊）におよぶ大部なこの報告書は、久米の処女作でもあった。

興味ぶかいことに、使節随行中の久米は、各国の宗教視察も命じられている。サンフランシスコ滞在中のことである。そのため、久米は各地で教会へおもむき、キリスト教ともふれあうようになる。

久米によれば、欧米人の多くは、日本人の宗教を見下していたらしい。日本では、「蛇をも拝む」ような淫祠邪教が、はびこっている。文明の宗教であるキリスト教は、およんでいない。そんな野蛮国と対等の条約など、どうしてむすびえよう。西洋人には、以上のような思いこみもあったという。[*47]

イギリスの外交官であるパークスも、さかんにキリスト教の重要性を力説した。そのため久米は、岩倉、木戸、大久保らと、現地で教会へかようようにもなったという。条約改正をねがう使節には、キリスト教の把握も、大きなテーマのひとつとなっていた。[*48] そして、久米は、そちら方面の仕事も、まかされていたのである。

帰国してからも、久米はキリスト教との接触を、つづけている。入信こそしなかったが、シンパシーをつよめていたのは、まちがいない。一八九七（明治三十）年には、新約聖書の翻訳もだしている。『耶蘇基督《イエスキリスト》真蹟考』と題された一書が、それである。

聖徳太子の誕生伝説には、景教経由で、キリスト教が関与した。さきにものべたが、一九〇三（明治三十六）年に、久米邦武はそう言いだしている。岩倉使節団以後、キリスト教にちかづいていった久米が、である。

日本人の宗教観は原始的であり、もっと先進的なキリスト教を理解しなければならない。久米は、欧米でそう忠告をうけていた。そして、じじつキリスト教の把握に、つとめだしている。そんな久米が、聖徳太子の古伝説に、聖書の感化を読みとったのである。

西洋人は、日本の宗教を野蛮だという。しかし、そんな日本へも、古代にはキリスト教がとどいていた。日本人なりに、それを咀嚼して、聖書の翻案とおぼしき聖徳太子伝を、つくっている。日本にも、古くから欧化していた部分は、あった……。

おそらく、久米の心中には、そんな思いも去来していたろう。厩戸とキリストの生誕伝説は、よく似ている。ひょっとしたら、景教をつうじて、聖書の話が日本にもきていたのではないか。想像にすぎないが、そう思いついたときは、うれしかったと思う。

これで、キリスト教文明と日本のギャップも、すこしはうめられる。キリスト教を理解しろという欧米人の要求も、うけとめることが可能になる。使節団以来の懸案は、聖徳太子論という歴史解釈の次元でなら、かなえられる。久米のキャリアをながめていると、そんな想念のよぎっただろうことが、しのばれる。

江戸時代に提出された太秦解釈と、久米の聖徳太子論は、話のつくりがよく似ている。どちらも、唐の景教を中継点と位置づける点で、つうじあう。

さきほどは、そうのべたがどうだろう。たしかに、議論のくみたてかたは、そっくりである。しかし、立論をささえる精神のありようは、ぜんぜん似ていない。むしろ、まったく逆の方向を、むきあっているのではないか。

たとえば、十九世紀初頭の太田錦城は、太秦の広隆寺にキリスト教の痕跡を、読みとった。しかし、錦城に、それをよろこぶ気持ちがあったとは、思えない。どちらかといえば、潜伏キリシタンを摘発するような気分のほうが、強かったろう。

広隆寺は、一見仏教寺院のようにうつるが、気をつけろ。あそこの由緒を歴史的にたどれば、西洋の邪教へたどりつく。あれは、あのまがまがしいキリシタンともつうじあう寺なんだ。だまされてはいけない……。とまあ、そう言わんばかりの指摘になっている。

キリスト教が禁じられていた、そんな禁教時代ならではの歴史理解だと言うべきか。かくれキリシタンをさがしあてて、信仰の不徳を告発する。それと同じような摘発者の視線を、錦城は日本歴史にそそいでいる。日本史上に、キリシタンとつながるアイテムを見つけて、糾弾する。これが、禁教下にのぞまれる、歴史家の正しい姿勢だったのである。

江戸期の学者たちは、キリスト教との接点を、日本史上の汚点として強調した。だが、二十世紀初頭の久米邦武に、そんな歴史観はなかったろう。久米は、欧米の先進文明を直接見聞し、キリスト教にもなじんでいる。キリスト教とのつながりは、日本史の美点としてさえ、イメージしていたかもしれない。すくなくとも、錦城のような嫌悪感は、なかったはずである。

『聖徳太子実録』（一九〇三年）の久米は、欧化への夢を、どこかにいだいていた。西洋にあこがれ、その憧憬を、歴史解釈へも反映させていく。そんな研究を誘発させやすい時代のなかに、生きていた。厩戸伝説とキリスト降誕物語をつなげたがったのも、一つにはそのためであろう。

一九〇六（明治三十九）年には、坪内逍遙が、「百合若伝説の本源」を、発表した。中世幸若舞の『百合若大臣』に、ユリシーズ伝説からの感化があるという。やはり、日本史上に欧化のあとをさぐる指摘が、なされていた。ここにも、久米の聖徳太子論と、時代精神を共有しあう部分はあったろう。

この時期には、ほかのテーマでも、類似の着想が、たくさん提出されている。日本の歴史に、西洋からの文化伝播をみとめる解釈が、話題をよんでいた。その詳細はあとでのべるが、時代のいきおいというものを、感じずにはいられない。

ユダヤのダビデとイスラエル

景教研究の論文をたくさん書いている学者に、佐伯好郎《よしろう》というひとがいる。もっぱら、景教にばかりうちこんだので、「景教博士」とよばれることもある。といっても、その業績が学界で高く評価されているというわけでは、けっしてない。今日の東洋史家からは、眉をひそめられることが多いと思う。

佐伯の仕事がけむたがられる理由は、その研究を読めばすぐわかる。とにかく、思いつきがとっぴで、破天荒なのである。地道な東洋史のアカデミシャンから、うとんじられるのも、無理はない。

ここでは、「太秦《うずまさ》（禹豆麻佐）を論ず」と題された、若いころの論文を紹介しておこう。この研究は、一九〇八（明治四十一）年に発表されている。坪内逍遙の百合若論が、世にでたのはその二年前である。久米や坪内らにつづいてうちだされた、ほぼ同時代の仕事だといってよい。

佐伯の太秦論は、同地にすんでいた秦《はた》氏一族のことを、論じている。ちなみに、秦氏は古代の日本へやってきた渡来人の集団である。当時の大和朝廷は、京都＝山城国に、彼らを入植させていた。太秦の広隆寺も、彼らの創建になるという。平安京の建都をささえたのも、彼ら秦氏の財力であったらしい。

伝説では、始皇帝の秦国がルーツだということに、なっている。もちろん、それがそのまま信じられているわけではない。いっぱんには、古代朝鮮、それも新羅からの渡来者だろうとされている。

佐伯は、その秦氏がユダヤ系の渡来人だとする新説を、発表した。なんとも大胆な学説である。いったい、どうやって、そんなことを論証しようとしたのか。誰しも、気になるところであろう。

太秦広隆寺の東側に、大酒《おおさけ》という名前の神社がある。秦氏のたてさせた神社である。以前は、大辟《おおさけ》神社と表記されていた。『延喜式』には、「大辟」で登録されている。佐伯は、ここが大辟とよばれるにいたった経緯を、つぎのように説明した。


大辟とは何ぞ吾人は……大闢に均しきものと断言す、世界国多しと雖も大闢神社を有するものはこれ以て猶太《ユダヤ》民族に非ずとせざるなし、大闢はダビデ David の支那字なり吾人は大辟神社を以てダビデ王を祭りたる神社なりと断定す＊49

景教の教典では、たしかにユダヤのダビデを「大闢」と表記した。その「闢」から門がまえをとれば、「辟」の字ができあがる。大辟《おおさけ》が大闢《ダビデ》へつうじるという話は、文字の類似という、その一点が論拠になっている。じじつ、佐伯はこの点を強調して、大辟神社がダビデ王をまつっていると、揚言した。

のみならず、佐伯はダビデの語義にも注目する。佐伯によれば、ダビデは「幸せらるるもの」、「愛せられたるもの」を意味するらしい。そして、大辟《おおさけ》の「サキ」も「幸《さち》なり」に、かさなりあうという。つまり、大辟は「希伯来《ヘブライ》語に於けるダビデと云ふ固有名詞の意味と付合する」。この点も力説しつつ、佐伯はくりかえし「大辟ダビデ説を主張」するのである。[*50]

広隆寺の西どなりには、「いさら」とよばれる井戸がある。「伊佐良井」と、しるされる井戸である。佐伯は、これがイスラエルをしめしているとも、主張した。以下のように。

伊佐良井と支那史乗に表はれたる猶太《ユダヤ》イスラエル人の「一賜楽業」(イスラエ)(Ezslae)とを比較せば……伊佐良井吾人をして「一賜楽業」の井と解釈せしめざるを得ざるなり[*51]

イスラエルへつうじる井戸がある。ダビデ王をまつる神社も、たてられていた。もう、まちがいない。秦氏は、ユダヤ系の渡来人だった。これが「太秦を論ず」の論旨である。

もうすこし話をエスカレートさせれば、いわゆる日猶同祖論になる。日本人のルーツはユダヤ人だったという話に、飛躍させることができるだろう。

日本人で、こういう議論を、佐伯以前にとなえたものはない。その意味で、「太秦を論ず」は、日猶同祖論のさきがけとしても位置づけうる。

太秦の広隆寺に、キリスト教の影響があるとする説は、江戸時代から存在した。佐伯の指摘にも、それをふくらませたようなところはある。こういった議論の系譜を考えるさいには、見おとせない点であろう。

もっとも、佐伯は太田錦城や松浦静山の太秦論を、読んでいなかったらしい。書物奉行の近藤重蔵が、景教碑の碑文を日本に紹介していたことは、知っていた。だが、それをうけて、太秦＝キリスト教関与説が語られたことには、気づいていない。自分の太秦論も、まったくオリジナルな仕事だと、そう思っていたようである。

じじつ、佐伯は「太秦を論ず」の三年後に、こんなことをのべている。

我国に於ては此景教碑文の存在の事実が汎く上下に知られざりしは……幕府の書物奉行近藤重蔵正斎先生が……禁書の一に加へたるを以てなり……吾人は正斎先生の慧眼に服すと雖も之が為め明治聖代に至るまで我国人にして之を読むものなく全く暗黒の裡に葬り去らしめたるを憾む。[*52]

景教碑文は、書物奉行が禁書にしてしまった。だから、誰も読まなかったという。

もちろん、そんなことはない。江戸期にも、この禁書をおもしろがる学者はいた。太秦へのキリスト教伝来説を、そこから論じたてたものさえ、いなかったわけではない。

おそらく、佐伯には禁教時代の知的好奇心へ、思いをはせる余裕がなかったのだろう。潜伏キリシタンをあばきたてるような視線で、日本の歴史をながめていく。そんな歴史観がありうるということなど、想像することもできなかったのだと思う。景教碑文は、近藤以後誰も読まなかったと、勝手にきめつけたのも、そのせいだろう。

だとすれば、佐伯もまた新時代の欧化主義とともにあったと、言わざるをえない。キリスト教との接点を、日本史の恥部としてながめる歴史観から、佐伯は切断されていた。肯定的に、興味ぶかく語る方向へと、おもむいていたのである。それは、久米邦武や坪内逍遙らが、むかっていたところでもあった。

歴史家の服部之総《しそう》が、晩年の佐伯好郎について、おもしろいことをのべている。一九五三（昭和二十八）年のことであったという。服部は、ある晩、当時八十歳をこえていた佐伯と、「夜半まで盃を交わしていた」。そのおりに、こう質問をしたらしい。「先生はどんな動機から景教碑文研究をはじめられたのでしょうか」と。

この問いかけにたいして、佐伯はとんでもない答を、かえしている。佐伯は、一九〇五（明治三十八）年に、北海道の開発を思いたったらしい。そして、服部の言葉を信じれば、つぎのように考えだしていったという。

> 在来の、日本的に矮小な開発計画では駄目だ。ユダヤ人の大資本を導入してやろう。それには、ユダヤ人の注意を日本に向けさせる必要がある……アメリカとカナダに五年留学した先生が、ユダヤ資本を日本に導入する志をたてて、そのため打った第一着手が大秦《ママ》氏＝猶太人の着想であった。[*53]

佐伯の北海道開発プランは、ぜんぜんみのらなかった。計画だおれにおわってしまったのだという。

だが、資金調達をユダヤ資本へたのむつもりだったという回想には、うならされる。秦氏＝ユダヤ系説は、その方便としてひねりだされたという告白にも、絶句してしまう。

いずれにせよ、佐伯の説は、ユダヤ人の歓心を買う方向へとむいていた。これも、欧化のベクトルだと言えば、言えようか。すくなくとも、江戸期、禁教時代の志向ではありえない。たとえ、旧幕時代と着眼はにていても、精神のむきがちがうと、かさねてのべておく。

ギリシア神話とイソップ童話

広島県の吉田町に、「三矢の訓跡」と銘打たれた記念碑が、たっている。戦国大名・

毛利元就《もとなり》が、語ったとされる「三矢の訓」を、顕彰したモニュメントである。

戦国時代史のファンなら、広島の吉田と聞いただけで、すぐにピンとくるだろう。のちに西国を統一する毛利元就は、この山里で誕生した。そして、やはりこの同じ吉田で、その生涯をおえている。

臨終の枕もとに、元就が三人の子供をよび、訓戒をたれたとする伝説がある。「三矢の訓」として知られた遺言を、三兄弟の前に披瀝したというのである。

いわく、一本の矢はすぐおれる。だが、三本の矢をたばねると、そうかんたんにはおられない。息子たちよ、家をまもるのも、それと同じだ。三人がたがいに協力し、たすけあえば、どんな敵もこわくない。しかし三人が、それぞれ勝手にふるまえば、たちまちつけいられてしまう。兄弟みなが、このことを肝に銘じてくれ。そして、毛利家繁栄のために、力をあわせてほしい。

誰しも、聞きおぼえはあろう。人口に膾炙した、たいへん有名な話である。戦前期には、『小学読本』など、教科書へもしばしば記載されていた。

吉田町の碑は、この伝説を記念したモニュメントに、ほかならない。なお、これがたてられたのは、一九五七（昭和三十二）年のことである。「三矢の訓跡」と揮毫の腕をふるったのは、元就の子孫、毛利元道であった。

伝説によっては、矢の数を三本と限定しないものもある。複数の矢で、兄弟の結束が要請されたと、その数をぼかしてある伝説も、なくはない。そして、より古くからつたわるのは、数があいまいなほうの話である。

三本の矢というパターンが、いつごろ形成されたのかは、わからない。だが、その由来は、なんとなく読めてくる。

元就には、正嫡の男子が三人いた。長男・隆元と次男・元春、そして三男・隆景の三人である。毛利の本家は、長男の隆元がついでいた。そして、次、三男は、それぞれ吉川《きっかわ》家、小早川家の家督をつぐ養子となっている。毛利本家をサポートすべき両家へ、元就は嫡出男子を、おくりこんでいたのである。

元就が、吉川、小早川両家と本家の連合体制をもくろんでいたことは、知られていよう。三家が一致して事にあたれば、領内も安定する。これが、元就のいだいていた基本戦略であった。次男と三男を、吉川、小早川両家へあたえたのも、そのためである。

また、元就は生前から、三兄弟の融和に心をくだいていた。一五五七（弘治三）年には、三人へあてて「訓戒状」をおくっている。毛利、吉川、小早川、そして三兄弟の団結を、せつせつとうったえた書状である。その現物は、現在、防府市の毛利博物館に、おさめられている。

おそらく、こうした背景もあって、いつのまにか、「三」という数字が浮上したのだろう。じゅうらいは、複数の兄弟ということで、すまされていた。それが、隆元、元春、隆景の三兄弟に、すりかえられていったのだと思う。

ところで、元就の臨終に、この三人があつまることは、ありえない。毛利元就が他界したのは、一五七一（元亀二）年六月十四日のことである。長男・隆元は、すでになくなっていた。出雲戦線へ出陣中の次男・元春が、父の最期にかけつけるのは、不可能である。じっさい、今際《いまわのきわ》に枕頭へはべったのは、三男の隆景だけであった。隆元、元春、隆景の三人を想定した「三矢の訓」は、とうてい史実たりえない。

元就には、嫡出以外に、庶出の男子が六人いた。臨終の席にも、何人かは顔を出していただろう。三男・隆景と彼らのうちから三人をえらんで、訓戒へおよんだ可能性も、形式的にはある。

しかし、嫡出男子を優先させていた元就に、そんな方針があったとは思えない。たばねた矢の教訓は、やはりさきにのべた三人が、いちばんふさわしい相手なのである。じっさい今日につたわる「訓戒状」は、この三人へむけて書かれていた。

伝説のなかには、兄弟の数をぼかしたものもある。とくに、三人と限定せず、複数の兄弟へ訓話をほどこしたとする話も、なくはない。しかし、嫡出の三人以外だと、話にリアリティがなくなってしまう。やはり、この話は、隆元、元春、隆景がならばなければ、なりたちにくい。

にもかかわらず、現実の三人は、臨終の場で顔をそろえることが、できなかった。どうやら、この話には信憑性がないと、判断せざるをえないようである。おそらく、「訓戒状」の存在をヒントにして、あとからこしらえられた話だったのだろう。

臨終の話という設定をあらためれば、真実味もでてくるのではないか。たとえば、壮年の元就が、おさない三兄弟に語ってきかせるというのは、どうだろう。これだと、ぜったいにありえないとは、言いきれない。三人が、そろって父の三矢訓を聞くというケースも、考えうる。

じっさい、少年少女むきの読み物では、そんなふうにあらためられているものもある。そういえば矢をたばねる話じたいが、童話じみた子供っぽい教訓にも、思えてくる。臨終の場面だとするより、おさない兄弟への訓話だとみなしたほうが、説得的ではあろう。

だが、「三矢の訓」伝説は、もともと臨終の話として語られてきた。少年時代の訓話としてあつかうのは、後世の改竄にほかならない。

さらに、この伝説が成立したのも、十八世紀へはいってからのことである。『常山紀談』（一七三九年自序）という本でとりあげられたあたりが、世にでた嚆矢であろう。しかも、この書物では、小早川隆景の伝説として、紹介されていた。毛利元就の話では、なかったのである。

一七二、三〇年代の稿とされる『前橋旧蔵聞書』にも、この話はのっている。そして、それより古い時代に、こういう話の記録は見あたらない。年代的には、これ以上さかのぼれないのである。すくなくとも、日本人の親子がくりひろげる話としては。

毛利元就の遺訓として有名になるのは、十九世紀以後の現象かもしれない。ひょっとしたら、大槻磐渓《ばんけい》が『近古史談』（一八五四年）で、とりあげてからではないか。

ともかくも、元就の生きた十六世紀に、彼が矢をたばねて子をさとしたとする話はない。これが語られだすのは、死後百五十年ほどをへてからなのである。やはり、後世が「訓戒状」あたりへ付会してこしらえた話だと、そう考えざるをえない。

イソップの童話に、毛利元就の語ったとされる「三矢の訓」と、似たような話がある。第八十六編の「〈兄弟喧嘩をする〉百姓の息子たち」が、それである。

ある百姓が、息子たちの融和をはかりたいと考えた。そこで、薪《まき》のたばをつかった訓戒を思いつく。一本の薪はすぐおれるが、複数でたばねると、びくともしない。そのことを、じっさいに数本の薪でしめしつつ、兄弟の和を説いた。以上のような話が、古代ギリシアのイソップ童話に、おさめられている。

話の骨組は、毛利家のそれと、ほとんどかわらない。どちらも、一本だとおれやすい棒が、複数あつまったときにしめす強さを、主題とする。ちがいは、人物設定と、薪か矢かという小道具のみである。

両者のあいだには、おそらく伝播の関係があったろう。イソップ童話が日本へつたわって、毛利元就の話になった可能性は、たいへん高い。二十世紀の初頭には、そんな説が提出されている。

この議論をもちだしたのは、中尾傘瀬という人物である。発表メディアは、『早稲田文学』の一九〇七（明治四十）年四月号。前年に、坪内逍遙の百合若船来説をのせていた。その同じ雑誌が、似たような議論をつづけて世に問うたということか。

さて、中尾はイソップの話を紹介しつつこうのべている。「之《これ》を元就の遺訓と比べると、まあ何とよく似寄ツてゐるでは無いか」と。[*54] そして、そのうえで、十六、七世紀の南蛮時代に、つぎのような文化伝播を想定した。

欧州人の我邦に顔出したのは、天文年間……が最初で、それから西班牙《スペイン》人も和蘭《オランダ》人もと相ついで来るやうになツたので、其間《そのあひだ》天主教の伝播と共に、彼等欧州人の口から、種々なる欧州の言ひ古された物語伝説の類が紹介せられたものに違ひない……余は爾《しか》く信ずるが故に、元就遺訓も必然イソップ物語……から、或機会に或事情で竄入《ざんにゅう》したものと断ずるのである。[*55]

なんとも、大胆な立論ではあった。中尾は、「三矢の訓」が成立した年代に関する考察を、まったくおこなわない。また、イソップ童話が日本へ流入した時期も、あいまいなままにすませている。そのていどの研究水準でありながら、伝播の可能性をことあげした。根拠は、両者が似ているという、その一点しかないのである。

このずさんな提案にたいしては、はやくも二カ月後に、反論がよせられている。同じ『早稲田文学』に、「失名氏」という匿名で、中尾批判の短文を書いたものがいた。

それによると、「三矢の訓」は、中国にルーツがあるという。矢をたばねた訓話は、『北史』第九十六巻の「吐谷渾《とよくこん》伝」中に、類似の話があった。日本へつたわったのは、イソップじゃあない。中国の話が伝播したのだと、「失名氏」はのべている。

『北史』は、唐代に成立した史書である。中国・南北朝期の北朝史を、北魏から隋にいたるまでしるしている。また、西方の吐谷渾という国についても、けっこうページをさいていた。

そして、そこでは、たしかに、「三矢の訓」と似たような話が、披露されている。阿豺《あさい》なる人物が、臨終にさいし息子たちの前で、矢をたばねた教訓をたれるという。そんな話が、まちがいなく、『北史』には記載してあった。これが、毛利元就伝説のもとになったのだと、「失名氏」は反論するのである。[*56]

ずいぶんマニアックな漢籍の知識だなと、多くの現代人は思うだろう。これだけの学識をふまえた反論が、ただちにかえされた。そのことにおどろくむきは、あるかもしれない。しかし、当時の教養人なら、このくらいの応答は、たちどころに想起できたはずである。

じっさい、このころの学識者には、中国古典籍の教養が、ひろくゆきわたっていた。のみならず、吐谷渾の阿豺についても、以前からけっこう知られていたのである。

大槻磐渓が、『近古史談』で毛利元就の伝説をとりあげたことは、すでにのべた。幕末期、十九世紀中頃の指摘だが、早くもこの段階で、大槻は吐谷渾の伝説にふれている。両者がたいへんよくにており、たがいにつうじあうことも、論じていた。[*57]

大槻は、吐谷渾につたわる訓話を、『西秦録』からひいたと、書いている。だが、現存する『西秦録』に、そういう話はのっていない。大槻の時代にも、この伝説はしるされていなかったはずである。

おそらく、大槻は『太平御覧』あたりから、孫引きをしていたのだろう。『太平御覧』は、宋代に成立した中国の類書、すなわち古典籍を博捜した百科事典である。その「兵部箭上」には、吐谷渾の阿柴（豺）が、訓戒伝説の当人として紹介されている。文献的な典拠に、『西秦録』をひきながら。

たぶん、『西秦録』の原典には、矢をたばねた吐谷渾の訓話が、あったのだろう。それが、のちに散逸し、現存する『西秦録』からは、姿をけしてしまう。だが、『太平御覧』は、それがなくなる前の古い『西秦録』を、参照していた。だから、『西秦録』を典拠としつつ、吐谷渾の訓話を記載することが、できたのだろう。

大槻磐渓は、そうして当代へつたわった中国の、矢をたばねる訓戒伝説に注目した。そして、それが毛利元就の伝説とよく似ていることを、発見したのである。

こういういきさつについては、比較文学の研究者である中村忠行の仕事からおそわった。[*58] ほかでも、中村の研究に、示唆をうけたところは多い。この場をかりて、謝意をのべておく。

なお、吐谷渾阿柴（豺）の話は、『北史』のみならず『魏書』にものっている。より古いのは、『魏書』のほうである。『西秦録』の伝説も、その源流は『魏書』にあるのかもしれない。そして、『太平御覧』などをはじめとする類書が、この話を後世へ反復してつたえていく。くりかえすが、『早稲田文学』の「失名氏」は、『北史』を典拠にあげていた。

矢をたばねた訓戒譚は、古くから中国の西方につたわっている。漢籍にしたしんでいるものは、けっこうそのことを知っていたはずである。大槻磐渓が毛利元就の伝説と対比させてからは、両者の類似も認識されていただろう。

なお、このことは、一九〇二（明治三十五）年にも、くりかえし指摘されていた。瀬川秀雄という歴史家が、『史学雑誌』（三月号）でふれている。しかも、瀬川は、毛利の三矢伝説が、吐谷渾の話を手本にしたとさえ書いていた。「失名氏」が、吐谷渾をもちだして中尾を批判したのは、その五年後である。

「失名氏」の指摘は、当時の教養人なら、誰もが思いつけた反論だったにちがいない。そもそも、「失名」という筆名じたいが、そのことを暗示させるとは、言えまいか。毛利元就の伝説なら、そのルーツに、わざわざ遠方のイソップをもちだすまでもない。中国種と考えれば、それですむ。だが、そんなことは、漢籍通なら誰でも気づいている。わざわざ、名のりでて、反論を展開するのもみっともない。そこで、「失名氏」がたしなめるというスタンスに、なったのではないか。

ねんのため、のべておく。さきほど、「三矢の訓」が日本人の話として書かれたのは十八世紀以降だと、そう書いた。しかし、そういう訓話が中国にあることじたいは、もう十七世紀につたえられている。仮名草子の書き手である浅井了意が、「折箭喩兄弟」として紹介した。『新語園』（一六八二年）という彼の著作に、それは収録されている。

いずれにせよ、江戸期より、話の起源は中国にあるとみなされてきた。あるいは、中国の西側だ、と。イソップからという議論に、でる幕はなったような気がする。

もっとも、このイソップ説を前むきにうけとる学者が、いなかったわけではない。民俗学の南方熊楠が、百合若＝ユリシーズ起源説を支持したことは、前にのべた。ユーラシアをこえた文化伝播論には、好意的な学者だったといえる。そのためだろう。南方は、中尾説を部分的に肯定した。毛利元就の伝説が、南蛮渡来のイソップ童話に由来する可能性を、のべている。

だが、のちには吐谷渾の話なども融合され、「三矢の訓」が成立したという。南方は、元就の臨終譚として場面設定がなされたことを、漢籍の影響としてあげている。じゅうらいの大槻磐渓的な見方に、新しいイソップ説を加味したといったところか。[*59]

この南方説も、『早稲田文学』（一九〇八年六月）に掲載されている。『早稲田文学』が、当時のこういう議論をめぐる、舞台になっていたということか。

南方同様、百合若＝ユリシーズ起源説へあゆみよった学者に、言語学の新村出がいた。その新村は、しかし、毛利元就の伝説とイソップ童話の接点を、否定的に論じている。

毛利の伝説として、日本で改編されたのは、十八世紀にはいってからであった。十九世紀以後という可能性もある。いわゆる南蛮時代に、イソップ童話がはいってきた時期からは、へだたりすぎている。まず、その点で、イソップをルーツとする「推定説は信じ難くなる」という。[*60]

けっきょく、新村は、大槻磐渓の見解をひきついだ。そして、つぎのように、よりふみこんだ日中文献交流史を、提案する。『文禄旧訳伊曾保物語』（一九一一年）の付録でしめされた見取図である。

吐谷渾阿柴の故事と暗合すると、大槻磐渓は『近古史談』に説いたが、暗合よりは寧ろ我が彼に拠つたのであらう。口碑で伝はつたのでは無くて、寧ろ書物の上より得たのであらう……或は『太平御覧』所引のものに拠つて、芸侯諸子を戒める話を組立てたのかも知れぬ。[*61]

イソップ説にたいし、南方はやや肯定的な対応をしめしていた。だが、新村は、否定的にあつかっている。

そういえば、百合若＝ユリシーズ起源説にたいしても、両者の反応はちがっていた。全面的に賛成したのは、南方である。そんな南方にたいして、新村は肯定しつつも、懐疑の念をのこしている。

二十世紀初頭の、ほぼ同じ時期に、グローバルな文化史を指向したふたりではあった。似たような資質をもっていたことは、まちがいない。だが、傾斜の度合いという点では、南方のほうにいきおいがあったようである。

もういちど、中尾傘瀬の「三矢の訓」＝イソップ起源説に、もどりたい。この論考は、漢籍にしるされた吐谷渾阿柴（豺）への言及を、欠落させている。当時、教養人のあいだにひろく知られていた情報を、まったくあつかっていない。大槻磐渓の本さえ、読んでいなかった可能性もあるだろう。もっぱら、イソップ童話との対比だけが、問題になっている。

遺訓伝説の成立期や、イソップ流入期に関する知識も、ともなっていない。当時の学術水準でも知りえたはずのことが、あやふやなかたちで処理されている。あまりレベルの高い研究だとは、言いがたい。

中尾がイソップ説を提出したその前年には、坪内逍遙の百合若論も発表されていた。室町文芸の『百合若大臣』は、ギリシアのユリシーズ伝説に由来する。ユーラシアを横断する、そんな文化伝播論で、坪内は脚光をあびていた。

中尾に、坪内へあやかろうとする気分がなかったとは、言いきれまい。じじつ、中尾論文の末尾は、こんな文章でしめくくられている。

既に逍遙博士の百合若伝記を以ツて、イリアド物語の奪胎とする鑑定が付いてゐるとき、この元就遺訓も同じ舶来種の範疇に入るべきものでは無からうか。いかに。[*62]

坪内逍遙も、百合若がヨーロッパ産だと、言っているじゃあないか。だから、毛利元就の伝説も、それと同じように考えて、いいのではないかという。坪内の威光と、それをもてはやす時流へ、露骨によりかかっている。けっきょく、こういう議論が、つぎからつぎへと、とびだしやすい御時勢だったのだろう。

坪内説の四年後に、野々口精一が「天稚彦《あめのわかみこ》物語の本源」を、書いている。そこでは、中世の御伽草子である『天稚彦物語』が、古代ギリシア起源だとされていた。日本文化史上に、ヨーロッパ起源のアイテムを、見つけようとする。二十世紀初頭に流行したそんな解釈が、天稚彦にも適用されたのである。

ねんのため、『天稚彦物語』のあらすじをのべておこう。

ある長者の家に、三人の娘がいた。その娘をひとりさしだせと、同家は一匹の大蛇から脅迫されてしまう。おどされた同家は、末の娘を人身御供として、提供した。しぶしぶ、大蛇のもとへでかけた娘は、しかし、その蛇が天人であることを、そこで知る。すなわち、天稚彦であることを。

天人は、天上の用事で空へのぼるときに、ある約束を娘とかわしあう。そこにある唐櫃《からびつ》を、自分がかえるまであけてはいけない。もし、ひらいてしまえば、自分はここへもどれなくなる。けっして、ふたはとるな、と。

しかし、娘はその約束がまもれず、けっきょく唐櫃をあけてしまう。彼女のしあわせそうな様子を見て、嫉妬した姉たちに、そそのかされたためである。そのため、天人は期日がきても、地上へおりられなくなった。

自分の軽率なふるまいを後悔した娘は、彼に会いたい一心で、天上へあがっていく。天上で再会したふたりを、しかし、天人＝天稚彦の父はみとめない。娘にさまざまな難題をつきつけて、ふたりの仲をさこうとする。だが、娘はその妨害にたえぬいた。そして、とうとう、年に一度の逢瀬を、その父にみとめさす。

以上が、『天稚彦物語』のあらましである。天上で一年ごとにであう話は、七夕《たなばた》伝説のひとつとしても、知られている。

野々口は、これが、古代のギリシアの「エロスとプシュケ」伝説に、由来するという。


天稚彦物語の如きは……近時漸くその本源がギリシヤの神話「愛《エロス》と心《サイキー》」にあるを悟るに至れり……余輩は必ず天稚彦物語の本源が遠く古代ギリシヤの神話にあることを信じて疑はざるものなり。*63


「愛《エロス》と心《サイキー》」の「心《サイキー》」は、プシュケ Psyche の英語読みである。今では、プシュケとよばれることが多いので、そちらの言い方を採用しておいた。

さて、その「エロスとプシュケ」である。野々口が、『天稚彦物語』のルーツだとみなすこの物語は、つぎのようにすすんでいく。

ある国の王に、三人の娘がいた。愛の神・エロスは、美貌の末娘・プシュケに、ほれこんでしまう。のみならず、彼女を山上の宮殿につれてゆき、そこへかよいだす。しかし、自分自身の姿はしめさず、また彼女がその姿を見ようとすることも、禁じていた。

プシュケは、エロスの奇妙な命令をいぶかしがりながらも、しあわせにくらしている。だが、そんな日々も、ながくはつづかない。彼女の幸福をねたんだ姉たちに、けしかけられて、エロスの姿を見てしまう。この破約で、愛の神は宮殿をとびだし、彼女のもとからたちさった。

エロスが恋しいプシュケは、彼との再会をもとめて、あてもなく放浪しはじめる。そんなプシュケをあの手この手で妨害したのはエロスの母、アフロディテであった。あやうく死にかけたプシュケを、エロスはすくいだし、天界へつれていく。そして、神々が祝福するうちに、めでたく結婚の宴をもよおしたのであった。

たしかに、話の骨格は、『天稚彦物語』とよく似ている。詳述をはぶくが、ディテールに関しても、つうじあう点はすくなくない。野々口が、そこに文化伝播の関係を読みとりたく思った気持ちも、まあわかる。

ただ、伝播の径路がしめされていない点は、ものたりない。両者の類似性が強調されるだけに、とどまっている。それで伝播論がとなえられるわけだから、お手軽な議論だなと言うしかない。

この難点は、毛利元就伝説のイソップ起源論にも、あてはまる。さらに、坪内逍遙の百合若＝ユリシーズ説も、伝播のコースをにごしていた。似ているから、伝播がどこかであったはずだという。極端に言えば、そのていどのスタンスで、発表されていたのである。

「天稚彦物語の本源」にも、時流のたまものという一面があることは、否定しきれまい。こういう話を歓迎する時代相に、あとおしされていたのは、たしかだろう。野々口じしん議論の本題へはいる前に、つぎのようなことをのべていた。

先に坪内逍遙氏に由つて舞の本百合若大臣がホーマーのオデツシーの翻案たる事を明にせられたるが如き……此の方面に注意する者の多くなれるは懌《よろこ》ぶべき現象たるべく、余輩の研究を以つてすればまた近古の「天稚彦物語」が遠くギリシヤ神話に得たることとあるものの如し*64

「此の方面に注意する」、坪内のような論者がふえていることを、よろこんでいる。その趨勢に便乗したところがあることを、自らみとめているというべきか。

もうひとつの欧化論

聖徳太子の誕生伝説は、新約聖書に起源をもつ。そう最初に言われたのは、一九〇三(明治三十六)年のことである。百合若＝ユリシーズ説は、一九〇六(明治三十九)年に、となえられている。毛利元就伝説のギリシア渡来説は、一九〇七(明治四十)年。そして、一九一〇(明治四十三)年には、天稚彦物語のギリシア起源説が、語られた。

似たような指摘が、二十世紀初頭の同じころに、ぞくぞくとなされている。今日でも、しばしば話題とされることのある諸説は、おおむねこの時期に、でそろった。

おもしろい現象である。こういった諸説の当否うんぬんより、それらの同時代性に興味をそそられる。けっきょく、そういう議論が、よほど好まれた時代だったのだと、言うしかない。近代以後の舶来趣味が、二十世紀初頭には、伝説や物語の解釈という営為へ噴出した。日本文化の歴史に、舶来譚を想定するというかたちで、あふれだしたのである。

ここで、歴史家の原勝郎《かつろう》が書いた『日本中世史』という本に、注目してみたい。日本で最初に、「中世史」という時代区分を、うちだしたことで知られる本である。刊行されたのは、一九〇六(明治三十九)年であった。百合若＝ユリシーズ起源説などと、同じ時代の著述だと言える。

原の『日本中世史』は、鎌倉以後の武家時代が暗黒時代だという歴史観を、くつがえす。武家時代になってから、野蛮な武力が横行し、文化が衰微したとみなすのは、よくない。むしろ、逆であると原は言う。

じゅうらいの旧勢力は、中国から輸入した文化を、もてあそんでいただけである。それを、新興の武士勢力がうちやぶる。そして、中国の影響から脱却した、日本独自の健康な文化をいとなみだす。そのことを積極的に評価しようという史観を、この本はうちだしていた。

興味ぶかいのは、東国に擡頭した武士勢力を、欧州のゲルマン人に対比させた点である。『日本中世史』には、こうある。

当時の東国はタキツスが記述せる羅馬《ローマ》帝政時代の独逸《ドイツ》人種の部落に彷彿たるものなりしなるべし*65

平安期までの旧文化は、中国からの輸入品にすぎない。中世以後の国民的な文化は、ヨーロッパのゲルマン人にも似た東国の武士が、創造した。原の歴史は、そんな構図によって書かれている。日本は、中世以後、中国の影響圏からはなれ、ヨーロッパ的な歴史過程をあゆみだす。とまあ、そう言わんばかりの歴史観となっている。

欧化、さらには脱亜入欧をめざす情熱が、色濃く投影されていると言うべきだろう。それは、いっぽうで、日本の伝説や物語に舶来種があるとする研究を、うながした。と同時に、日本中世はヨーロッパへつうじるとする歴史観をも、もたらしたのである。原勝郎の中世史は、その後の歴史叙述にも、大きな影をおとしている。津田左右吉や石母田正らの歴史も、その延長上にあると言ってよい。その知的系譜については、また稿をあらためて、考えてみたいと思っている。

前にものべたが、もういちど強調しておこう。その後の城郭史研究も、この原がえがいた中世史に、大きく左右されてきたのだ、と。

歴史家の大類伸《おおるいのぶる》が、二十世紀初頭に画期的な城郭論を書いたことは、すでにのべた。一九一〇（明治四十三）年の「本邦城櫓並天守閣の発達」が、それである。

この論文で、大類は天守閣の成立に、西洋建築の感化があったとする通説を、否定した。そして、近世的な天守閣の出現を、自律的な日本建築発達史の必然として、位置づける。南蛮のみならず、海外からの影響は、考えなくてもいいというのである。

この同じ年に、天稚彦物語のルーツを古代ギリシアだとする説は、発表されていた。また、その数年前から、日欧の文化伝播を強調する仮説が、頻出してもいる。南蛮経由論をはじめとする、欧州からの感化説が、流行していたのである。

にもかかわらず、その同じ時期に、西洋からの影響を否定する城郭研究が、登場した。ほんらいなら、洋式築城術の流入が喧伝されそうな時期なのに、そうならない。それとは正反対の方向をむいた学説が、提出されていた。海外からの影響は考えず、国内事情だけに目をむける説が、でたのである。しかも、その議論はひろく国史学界に、うけいれられていく。

その原因は、原勝郎流の歴史理解にある。日本の中世は、ヨーロッパ的であるという。そんな歴史理解を、欧化の時代相がもたらしたことは、さきにのべた。

大類の新しい城郭論も、この時流とともにある。大類は、日本の天守閣がヨーロッパ中世城郭の塔屋と似ていることを、熟知していた。なぜ、ユーラシアの両端にできた同じ戦士階級の建築が、これほど通底しあうのか。大類はその理由を、両者が同じ封建社会に成立したからだと、判断した。日本の封建時代は、ヨーロッパ中世のそれと、同じ展開をしめしている。だから、戦士階級、領主の城郭も類似の形態をとったのだと、考えた。

大類もまた、日本の封建社会にヨーロッパのそれを、投影させている。日本の中世を、ヨーロッパ的だと思いたがっていた。その点に関するかぎり、原勝郎と同じスタンスをとっていたのである。

だからこそ、大類はヨーロッパからの直接的な伝播を、拒絶する。洋式築城術が流入してきたので、日本の天守閣も、ヨーロッパ風になった。こんな解釈だと、両方の封建社会が同じ構造をもっていたという話に、なりにくい。

築城術の技術伝播は、いっさいなかったのに、よく似た城郭が出現した。日本国内の事情だけで天守閣はできたのに、なぜかそれがヨーロッパの城郭へつうじあう。こうであってはじめて、日欧封建社会の類似という自説にも、箔がつくのである。

欧化の時流にささえられ、舶来種の物語や伝説をさがす文化史の研究が、流行する。それとともに、この同じ時流は、中世／封建時代の日欧同質論をも、もたらした。そして、後者は、ヨーロッパからの直接的な文化伝播論と、相容れない。二十世紀初頭の城郭論が、南蛮経由の築城術という話をきらったのも、そのためである。

一見すれば、大類の城郭論は、時流から背をむけているようにうつる。百合若＝ユリシーズ起源説などを歓迎した時代相と、ずれているように見えかねない。じじつ、学説の表面は、反対方向をむいている。しかし、その背後にあった精神は、つうじあっていた。どちらも、同じ時代精神によって、となえられだした学説だったのである。

津田左右吉がなげた影

新村出《しんむらいずる》という学者のことは、何度もふれてきた。百合若大臣の話は、ユリシーズの伝説に由来する。そんな坪内逍遙の新説へ加勢した研究者として、すでに紹介ずみである。

その新村が、しかし一九一六（大正五）年に、不可解な論説を書いている。百合若のユリシーズ起源を否定して、坪内説に反対したのである。いままでとはまったくちがう、それこそ百八十度むきをかえた立論へ、転向した。こんなふうに。

南蛮の黒船よりは、かの希臘《ギリシア》古詩『オデッセー物語』が伝はつて、『百合若物語』が出来たと説く学者もあるが、考証薄弱にして信憑の価値はない……我より南の国々島々へ渡航した朱印船は、何等の海洋詩人を載せて去来しなかつた。*66

これはいったい、どうしたことなのか。新村じしんが、百合若のユリシーズ起源説に加担した、その当人だったのに。ここでは、六年前の自説を、忘却してしまったかのように、ふるまっている。

マカオにいたカモンエスから、ユリシーズの話が日本へつたわったかもしれない。ポルトガルの船乗りはユリシーズの裔だから、その話を極東へももちこんだ可能性がある。一九一〇（明治四十三）年の新村は、たしかにそうのべて、坪内へエールをおくっていた。

しかし、六年後には、そんな学者もいるが信用できないと、前言をひるがえす。カモンエス経由の伝播を語った本人が、「海洋詩人」とのであいを、否定した。しかも、以前、自分がそう書いたことを、まったくしめさずに。もちろん、豹変した理由もふせている。

余談だが、これらの文章は、現在、いずれも『新村出全集』の第五巻に収録されている。百合若＝ユリシーズを支持する説も、否定した説も、同じ本におさめられているのである。この全集で両説に接した読者は、とりわけそのことを、いぶかしく思うだろう。いったい、どっちがほんとうなんだと、そう問いつめたくなるにちがいない。

新村が、旧説にそむく新しい見解を披露したのは、『新小説』という雑誌である。その一九一六（大正五）年八月号に、この新説は発表されていた。じつは、同じ年の『史学雑誌』（五月号）が、彙報欄に注目すべき文章をのせている。歴史家の津田左右《そう》吉《きち》による「インド文学と国文学との交渉に就いて」が、それである。

いたって短いものだが、内容ははっきりしている。津田は、坪内以来の百合若＝ユリシーズ起源説を、こんなふうに批判していたのである。

> 「百合若大尽《（ママ）》」の話は坪内博士が Ulysses の漂泊譚の翻案だと云はれてから殆んど今定説のやうになつてゐると思ふ。然し之はどうも日本出来の話ではないかと考へる……その話の内容は足利時代の世相の反映と見るべき事実が多く、ユリセス物語の特徴といふべき不思議な国々を歴訪する筋を欠いてゐる[*67]

『史学雑誌』へは、しばしば論文を投稿していた新村のことである。定期購読も、していたろう。内容のチェックも、おこたりなかったはずである。この一九一六（大正五）年にも、二月号へ、「天明時代の海外思想」をよせていた。津田の百合若＝ユリシーズ否定説を、目にしていた可能性は、たいへん高い。

津田が坪内のユリシーズ説は、おかしいと書きたてた（五月号）。その三カ月後（八月号）に、新村は同説の批判者へと、変身をとげている。公平に見て、津田の指摘で態度をかえた部分がなかったとは、言えないだろう。

なんとも、動揺しやすい学者だなと思われようか。もうすこし、自分に自信をもてないのかと感じるむきは、あろう。

たしかに、新村出は、そういう弱い一面をもっていた。しかし、そのことだけをせめたてるのは、気の毒な気もする。

けっきょく、はじめから新村は、坪内説を信頼しきっていなかったのだろう。学術的にはたよりない。それこそ、「考証薄弱」だと、内心では思っていた。じっさい、一九一〇（明治四十三）年の論文も、よく読めば、自信のなさが見えてくる。

しかし、新村は坪内のような立論が好きだった。資質面でも、つうじあうものを感じていた。だからこそ、学術的には蛮勇をふるって、坪内説へ肩入れする。薄氷をふむような気持ちで、百合若＝ユリシーズの可能性を追求した。新村の内面をおしはかれば、そんな機微もあったように思う。

もちろん、新村の本音をしめす文献的な記録はない。ここでのべた解釈も、臆測であるにとどまる。だが、津田の短い指摘に動顚したらしい様子をながめていると、どうしてもそう思える。

くりかえすが、津田左右吉の文章は、いたって短いものである。雑誌の彙報欄へおさまるという、そのていどの分量でしかない。とうぜん、委細はつくせなかった。もちろん、実証的な根拠は、なにもしめせていない。

のみならず、坪内説への反対理由も、ばくぜんとしたものにとどまっている。百合若物語には、ユリシーズがもつ諸国歴訪譚が、欠落していた。室町文芸的な色彩も強い。だから、日本でつくられたものだと、津田はのべている。

このていどの議論なら、反論の余地はある。ユリシーズの伝説は、日本へ受容されるうちに、日本的な変形をこうむった。だから、ユリシーズとはちがうところも、すくなからずできてくる。つまり、ルーツをユリシーズだと考えても、不都合なことは生じない。

津田は言う。百合若の物語には、ユリシーズ伝説の諸国歴訪譚が欠落している、と。しかし、百合若伝説は「島めぐり」の話をふくんでいる。この「島めぐり」こそが、諸国歴訪譚の日本的な翻案になるのではないか。

そうやりかえせば、勝負は平行線にもちかえせただろう。熱心な百合若＝ユリシーズ論者なら、そのぐらいの理屈は、言いつのれたはずである。ほかにも、反批判の言辞がいろいろ用意できなかったとは、思えない。

にもかかわらず、新村出は坪内説から撤退した。やはり、学術的な自信は、もともとからなかったのだと考えたい。ただ好きだというだけでは応援もしきれず、津田説の出現をきっかけに退却したのだろう。


津田左右吉という学者に、もうすこしこだわりたい。

津田は、『史学雑誌』の彙報欄へ、坪内批判の短文をよせていた。その同じ文章で、天稚彦《あめのわかみこ》物語のことも、とりあげている。

一九一〇（明治四十三）年には、天稚彦物語の船来説が、発表されていた。中世に成立した天稚彦伝説の淵源を、ギリシア神話へもとめる研究である。これが、坪内説以後の時流をうけて提出されていたことは、すでにのべた。

坪内説をきらった津田も、しかし、この説には好意をしめしている。のみならず、つぎのように、ギリシアから日本へつたわった径路すら、考えだしていた。

「天稚彦物語」には Eros と Psyche の話の痕跡がある……丁度《ちょうど》 Gandhara 芸術を通じて欧西の美術が日本にも及んでゐる如く、仏典を媒介として西洋の話が国文学に入ったといふ事は自然なことと思はれる。*68

天稚彦のギリシア起源を最初に考えた野々口精一も、エロスとプシュケに注目していた。そして、津田はこの見解を支持している。たしかに、エロスとプシュケの話が、感化をおよぼしているというのである。

伝播の中継点に、ガンダーラを想定したのは、津田の新しさであろう。野々口は、こういう見取図を、まったくしめしていなかった。

いうまでもなく、ガンダーラはインド北西部のある地域をさす呼称である。そこに、古代ヘレニズムの感化を強くうけた遺跡がのこっていると、よく言われる。アレクサンダー大王の東方遠征は、ギリシアの文明を遠くインドにまでおしひろげた。その歴然とした証拠を、ガンダーラ遺跡は、現代につたえているという（現在は、パキスタン領）。まあ、じっさいにはローマとの交易でもたらされた遺品も、多いのだが。

日本の学界でも、ガンダーラのことは、十九世紀のおわりごろから、強く意識されていた。ガンダーラのヘレニズムは、日本にもとどいている。仏教伝来のコースにそって、古代の奈良へは、ギリシア的な美術がつたわっていた。以上のように、日本で語られだすのも、十九世紀の末期からである。

これもまた、欧化の情熱を歴史解釈にもちこんだストーリーだったと、言えるだろう。その意味では、百合若＝ユリシーズ起源説をよろこんだ時代相とも、つうじあう。同じ時代精神のもとでつむぎだされた、脱亜論的な歴史観にほかならない。

このヘレニズム伝播説を、一九一六（大正五）年の津田左右吉は、うけいれた。そして、エロスとプシュケの物語も、同じ経路で日本へきたのではないかと、問いかける。ガンダーラ経由で日本へとどき、天稚彦物語が成立したという。そんな仮説を、うちだしていた。

翌一九一七（大正六）年一月のことである。津田は、『文学に現はれたる我が国民思想の研究――武士文学の時代』を、刊行した。ライフ・ワークともいうべき文学通史の一冊であることは、言うまでもない。

そして、ここでも、天稚彦物語の起源が西方にあることを、津田はくりかえした。伝播のコースについても、前と同じく、ガンダーラ経由のルートをあげている。ヘレニズム時代の物語が仏教経典へ混入し、仏教の東漸で日本にきたとする解釈である。[*69]よほど、この見方には自信もあったのだろう。

津田の伝播論が、欧化論的な情熱を共有していたかどうかは、わからない。ただ、それをむげに否定しようとする意欲がなかったことだけは、たしかである。にもかかわらず、百合若大臣のユリシーズ起源論は、頭から否定した。『文学に現はれたる……』でも、ユリシーズ説を、たいへんつめたくあつかっている。たとえば、こんなふうに。

此の物語は全体の結構に於いても一々の挿話に於いても、それを此の時代の風俗と思想とから生まれたものとして考へるに困難は無いやうである……外国種の翻案ものがあまり時代の着色を帯びてゐないのに、百合若のすべてに此の時代の空気が現はれてゐるのも、また此の物語が外国伝来のもので無いことを暗示してゐるのでは無からうか。[*70]

津田は、日本の中世に、外国から流入した物語がけっこうあることを、みとめていた。天稚彦物語を、ガンダーラ経由で説明したことは、さきにものべたとおりである。ほかにも、『毘沙門の本地』、『宝満長者物語』などを、インド起源の例としてあげている。

そして、それらには、いかにも外国産らしい特徴があるという。同時代の文芸からはかけはなれた、異文化のにおいがただよってくるとも、のべたてた。しかし、百合若大臣の話には、それがない。これならば、室町時代の日本文芸として、じゅうぶん位置づけうる。津田は、そんな理屈で、百合若の国産説を強調した。『史学雑誌』の彙報欄でしめされた論法とくらべれば、やや説得的になっている。百合若大臣が、同時代の室町文芸的な特徴を、そなえているというだけではない。外国産の文芸には、時代をこえた部分がある。しかし、百合若にはそれがないという、新しい理屈をもちだしている。

だが、この百合若国産説も、万全ではありえない。すっかり日本化してしまった外来文芸の存在は、この理屈でも、否定しきれないからである。ルーツは外国だが、日本の同時代文芸へとけこんでしまい、国産のように見えてしまう。そんなケースもありうるだろうことを、まったく考慮していない点に、難がある。百合若は、ユリシーズを日本的に翻案させた伝説だったかも、しれないのである。

正直に言って、津田がユリシーズ説をきらった理由は、よくわからない。天稚彦は舶来だが、百合若は国産だとみなす。そういう立論にいたった深い事情は、不明である。

学界の主流が、百合若＝ユリシーズ説ではしゃぐことへの反発も、あったのではないか。メインストリームからは距離をおく。そういうあまのじゃくなスタンスを、津田はしばしばしめしていた。いわゆる野党的な気質をもっていたことは、否定しきれない。あるいは、反骨精神とでもよぶべきか。

周知のように、戦前の津田は、記紀神話の虚構性を暴露して、ひっそくさせられた。逆に、敗戦後は皇室への敬愛を語り、進歩的な論壇からけむたがられている。なにほどかは、時流というものへの反感があったからだろう。百合若＝ユリシーズ説にたいしても、そういう抵抗精神が作動していた可能性はある。

まあ、しかし、心の中で何を思っていたかは、ほんとうのところわからない。ヒントになる記録がいくらかでもあれば、想像をめぐらせることもできただろう。だが、そういったデータも、百合若に関しては存在しないのである。津田の内面については、口をつぐんでおいたほうが、よかったのかもしれない。

いずれにせよ、学界の主流は、まだまだ百合若＝ユリシーズ説を堅持した。たしかに、津田左右吉が、それへの違和感を見せてはいる。新村出が、おそらくはそれに同調して、反対する側へまわっていた。だが、一九一〇年代、二〇年代の大勢は、同説を肯定する方向へむいていたのである。

じっさい、津田も、つぎのような状況説明をしめしてから、反論へおよんでいた。

「百合若大尽《ママ》」の話は坪内博士が Ulysses の漂泊譚の翻案だと云はれてから殆《ほと》んど今定説のやうになつてゐると思ふ。[*71]

舞曲の百合若大臣はオデッセイ（ユウリセス）から来たものだらうといふ説が、曾《かつ》て坪内雄蔵氏によつて唱へられ、今では殆《ほとん》ど定説のやうになつてゐるが。[72]

百合若＝ユリシーズ説の普及ぶりが、しのばれよう。津田は、そういう状況のなかで、あえて異論をとなえていた。津田が一石を投じた学界では、坪内説こそが「定説」になっていたのである。

津田が坪内批判を書いたその翌年、一九一七（大正六）年のことである。西洋史を概説的にまとめた書物が、刊行されだした。西ローマ帝国の崩壊までをえがいた上巻が、千ページ以上におよぶ。たいへん大部な史書である。題して『西洋歴史集成』という。

なかに、『オデュッセイア』（ユリシーズ）とホメロスをとりあげた箇所がある。この本は、その部分で、わざわざ「日本の百合若の伝説」に言及した。そして、「百合若はユリセスの伝説を輸入せしもの」という坪内説を、紹介している。[73]

津田の反論がでたすぐあとなのに、そちらへは、目くばりをしていない。百合若＝ユリシーズ説だけが、肯定的にピック・アップされている。このことからも、坪内説を優遇する当時の状況は、読みとれよう。

一九二二（大正十一）年には、「幸若舞曲の詞章に就て」という文章が、発表された。

そのなかでも、百合若大臣については、こんな指摘がなされている。「坪内博士の説の如く翻案物であらうと思はれる」と。[*74]

博識で知られる木村毅も、一九二〇年代に坪内支持のコメントを、書いている。「雑学問答」（一九二五年）での言及が、それである。そこには、こうある。「坪内博士の推断は間違ひはないやうな気がする」。「その道専門の識者も相当にこれを首肯したものと思ふ」と。[*75]

百合若＝ユリシーズ説がオーソライズされていたことは、うたがえない。当時は、そういう時代だったのである。

坪内説は定説だとされているが、正しくない。津田左右吉は、こんな論法で、坪内批判の文章を書いていた。皮肉な読者なら、この書きっぷりに、ある種の作意を感じるかもしれない。

津田は、自説に箔をつけたいと思っていた。その方便として、坪内の解釈を、むりやり定説にしたてあげていく。自分が打倒するのは、たんなる坪内説じゃあない。学界の定説を、これからひっくりかえすんだ。そうみがまえるあまり、坪内説を定説であるかのように、書いてしまう。津田の言辞に、そういう意図的な誇張があったことを、邪推するむきはあろう。

だが、坪内のしめした伝説伝播論は、じっさいに学界からみとめられていた。津田の位置づけに、詐術はない。津田は、この点に関するかぎり、異端的な新説をとなえていたのだと、言いきれる。そして、その後しばらく、津田の新解釈がみとめられることは、なかったのである。

民俗学の谷川磐雄《いわお》を、津田説にやや好意的であった学者の例として、紹介しておこう。谷川は、一九二六（大正十五）年にこんな学界展望をしめしている。


先《ま》づ百合若譚である……坪内雄蔵博士は……この話を外国輸入とし、希臘《ギリシア》神話「オデッセイ」のヒイロウたる「ユウリセス」の翻案であると発表し、爾来そのまま信ぜられて来たが、しかしこれはなほ研究の余地があるので、津田左右吉博士の如きは種々の点から反対に日本出来であると主張してゐる。[*76]

多くの研究者は、百合若＝ユリシーズ説を、信じてきた。しかし、津田は反対説をとなえている。谷川が提示しているのは、そんな学界の俯瞰図である。やはり、まだ、津田説は大勢にさからう異説でしかなかったと、言うべきか。

民俗学と言えば、その大成者に柳田國男という学者がいたことは、よく知られていよう。じつは、柳田も『百合若大臣』のことを、けっこう論じていた。百合若に興味をもつ学者のあいだでは、ユリシーズ起源説の否定論者として知られている。否定論の、一種旗頭的な存在としてイメージされることも、なくはない。
たとえば、荒木博之という言語学者が、ある座談会でこんな発言をのこしている。
柳田国男はその関係を否定しましたけれど、……驚くほど「ユリシーズ」と「百合若」とは一致するところが多いのです。[*77]
ユリシーズと関連するかどうか……柳田国男も否定しているじゃないかという話もあるわけですが……。[*78]

さらに、ハワイ大学のジェームズ・アラキも、こんな柳田評をのべていた。

坪内逍遙氏は……ユリシスの物語の翻案であると述べた……津田左右吉、柳田国男、高野辰之と云った歴史学、民俗学、演劇史の各権威が揃って疑いを示した。[*79]

百合若とユリシーズのつながりを、みとめない。柳田國男は、今日、そんな学者として語られることが、しばしばある。坪内説を否定した柳田という言い方が、ごくふつうに、まかりとおっている。

たしかに、ある時期から以後の柳田は、百合若＝ユリシーズ説を、きりすてた。柳田がチェックをしていた『民俗学辞典』（一九五一年）にも、こうある。「百合若伝説がギリシヤ神話のユリシス物語の輸入であるという坪内逍遙の説は誤りである」[80]。

だが、一九二〇年代の柳田は、ちがう。これほどあっさり、坪内説を否定してはいない。むしろ、肯定的に論じる傾向さえ、あった。

たとえば、一九二一（大正十）年に書かれた「海南小記」である。当時、朝日新聞に発表された論考だが、なかにつぎのような指摘がある。

坪内先生の説では百合若は即ちユリシスの作り換へと云ふことであるが、鷹の忠義の因縁を嗟歎したのは、恐らく日本の方ばかりであつて……さうすれば此が又、我邦伝来の海の文学であり、且《かつ》は海の民の深いなげきの声でもあつたのだ[81]。

坪内はユリシーズだと言うが、日本固有の部分もあるという。柳田の主張は、そのていどにとどまっていた。坪内の意見を、基本的には、みとめていたのである。

柳田には、未刊のままでおわった文章も、けっこうある。『山島民譚集』の続編も、そういった未定稿のひとつである。一九二六（大正十五）年ごろの文章だと思われるが、そこにもこうある。

百合若大臣の小説は近代の舶載品でユリシス島巡りの希臘《ギリシア》物語を翻訳したものだと云ふ説は二十年前に坪内博士が唱へられて一般に承認せられて居る。併し此が倶通を助けたのも亦恐くはダイダラ法師の強力談で……日本の大多坊《ダイダラボウ》が早くから友を異邦に求めて居たことを覗ひ知るに足るのである[*82]。

日本には、ダイダラボウという力強い大男の伝説が、古くからあった。そして、各地の百合若伝説には、このダイダラボウと習合したものもある。百合若の話が広く流布したのは、そのためもあるというのである。

ユリシーズ伝説を受容するさいの日本的な事情に、興味がそそがれているというべきか。その点で、鷹の忠義譚を日本的な付加だとみなすさきほどの指摘とも、つうじあう。けっきょく、柳田はそのあたりへの、日本文化論めいた関心をいだいていた。舶来種を日本文化がどううけとめたかに、問題の焦点をしぼっていたのである。

しかし、後年のように、それが舶来であることまでは、否定していない。「坪内先生」、「坪内博士」の見解にも、いちおうの敬意はしめしている。それが、「一般に承認せられて居る」ことも、納得していたのである。

あるいは、こういうふうに言ったほうが、いいのかもしれない。一九二〇年代には、あの柳田でさえ、百合若＝ユリシーズ起源説をみとめていたのだ、と。ユリシーズ論批判の急先鋒だと、今日柳田はみなされている。そんな柳田にも、この説と歩調をあわせている時期があった。一九二〇年代までは、そんな時代だったのである。

津田左右吉の異論が、どれほど例外的であったかは、このことからもしのばれよう。

百合若大臣のルーツがユリシーズだと、最初に言いだしたのは、坪内逍遙である。その後は、さまざまな学者たちが、この議論に口をはさんできた。新村出、上田敏、高木敏雄、南方熊楠、そして津田左右吉などである。

口火を切った坪内自身は、その後しばらくだまっていた。この問題については、十五年ほどのあいだ、沈黙をたもちつづけてきたのである。

そんな坪内が、一九二二（大正十一）年に、再論をこころみている。おそらく、津田の批判があったので、反批判を書きたいと思ったのだろう。じじつ、この新しい論文には、つぎのような記述もある。

私の此考証に対して津田左右吉君は……異議を述べて……同君の異議は主として以上だけだが、これぎりの反証では私が前に挙げた余りに著しい符合の諸点を偶然の暗合視するには力弱い。[*83]

たしかに、津田の批判は、力が弱い。坪内説をうちのめすまでの論拠は、提示できていなかった。それは、じじつ坪内の言うとおりであろう。

もっとも、論拠が弱いという点では、坪内の議論じたいも同じである。けっきょくは、思いつきの域をでなかった。その点は、一九二二（大正十一）年の再論も、かわらない。逆に、空想の羽根をひろげるという点では、以前よりエスカレートしているぐらいである。

津田にたいするいくつかの反論から、ひとつだけを紹介しておこう。坪内の破天荒ぶりは、その一例で、じゅうぶん読みとれる。

津田は、百合若大臣の物語に、海洋冒険譚の要素がすくないことを、強調していた。ユリシーズ伝説では、洋上の活劇が、興味の中心をなしている。百合若は、そういう部分を欠落させているから、やはり日本産だというのである。

この立論にたいして、坪内はとんでもない反論を提示した。たいへん奇抜で、しかも強引な議論をくみたてて、津田の批判にこたえている。

中世の御伽草子《おとぎ》に、『御曹子島渡り《おんぞうし》』とよばれる物語がある。英雄・源義経が、海で活劇をくりひろげる、一種の冒険譚である。その意味では、ユリシーズの冒険的航海譚に、話が似てなくもない。坪内はこの『御曹子島渡り』に、目をつけた。そして、ユリシーズ伝説が日本へ伝播した様子を、つぎのように類推したのである。

あの浩繁な、複雑な『オディッシー』が……先づ本筋だけが「百合若物語」となり、漂流奇譚の輪郭だけが「御曹子島渡り」となり、尚ほ其他の幾部分かが当時の他の話へ紛れ込んだと見るのも、強ち不理窟な臆測とばかりはいへまい。[*84]

ユリシーズの伝説も、その全体がまるごと百合若大臣に、なったわけではない。海洋冒険譚の部分は、御曹子の物語となって、日本へ流入した。そして、他の部分が、百合若などになったというのである。

たしかに、こう考えれば、百合若のユリシーズ翻案説は、傷つかない。百合若に海洋冒険譚が少ないことも、説明はつく。津田の批判をかわせもするだろう。津田の疑義など、「私に取つては少しも故障にはならない」[*85]。坪内が、そう言いきれる理由も、のみこめる。

しかし、『御曹子島渡り』までもちだすのは、恣意的にすぎる。臆測に臆測をつみかさねた解釈である。そうであるという根拠は、まったくない。学術的には、やぶれかぶれの反批判であったというべきか。だが、坪内は、自信まんまんで、このとほうもない仮説をうちだしたのである。

いや、それどころではない。ユリシーズ＝オデュッセイアの感化は、ほかの物語類にもおよんでいるという。百合若や御曹子以外にも、坪内はつぎのような伝播の可能性を、指摘したのである。

私は酒顚童子《しゆてんどうじ》や土蜘蛛《つちぐも》退治をも、これは符合点はやや薄弱だが、やはり『オディッシー』からの断片に基いた翻案話ではなからうかと疑つてゐる。

私は尚ほ、甲賀三郎の伝説――特にあの地獄巡りの件――に関しても、多少『オディッシー』との関係がありはせぬかと疑つてゐる。*86

酒顚童子、土蜘蛛退治、そして甲賀三郎も、オデュッセイアに根があるという。こうなれば、もうなんでもかんでもが、オデュッセイア＝ユリシーズになってしまう。日本の中世は、まるごとヘレニズムへつうじていたんだと、言いたがる。それだけの誇大妄想史観になりかねない。

『百合若大臣』の場合は、たしかに話の骨子が、ユリシーズとよく似ていた。これだけ類似しておれば、文化伝播の関係も、想像しえなくはない。たとえ根拠が弱くても、仮説としての意義はじゅうぶんある。坪内は、それだけの卓見を、ほりあてていたのである。

そういうせっかくの着眼も、酒顚童子までいっしょだと、だいなしになりかねない。

日欧の連帯を、歴史へ投影する幻視者の放言と、まったく同じ議論になってしまう。かんたんに言えば、ねうちが下がって見られやすくなるのである。

だが、坪内は意に介さない。御曹子も酒顚童子も、百合若と同じくユリシーズ起源であろうという。この臆説を、どうどうと書ききってしまうのである。

べつのところでは、金太郎伝説がバッカスのそれに由来するとさえ、のべていた。肌の赤い金太郎のイメージは、酒の神・バッカスを思わせる。さらに、酒田（坂田）の金時という名前も暗示的だなどと、ほのめかしながら。*87

一九〇六（明治三十九）年の坪内は、西洋からの感化を百合若に限定しつつ、論じていた。だが、一九二三（大正十二）年には、それを中世文芸のさまざまなところで、語りだす。けっきょく、それが坪内逍遙というひとの、指向するところではあったのだろう。古い日本の歴史に欧化の夢を見る、その度合いがなみはずれて強かったのだと思う。あるいは、自分がかつてくみたて、脚光もあびた見方にしがみついたのだと、言うべきか。

さすがに、同時代の学者たちも、酒顚童子のユリシーズ起源説までは、ふみこまない。坪内のそういった暴走には、好意的な黙殺をきめこんだものが、多かった。そして、百合若の議論だけは、卓見だと評価しつづけたのである。

牛若丸とアエネイス

ユリシーズは、トロイ戦争を勝利へみちびいた、古代ギリシアの伝説的な英雄である。その物語は、ホメロスの長編叙事詩『オデュッセイア』に、うたわれた。古典として、のちのちまで読みつがれ、世界的にもひろく知られている。

そのホメロスにもうひとつ『イリアス』という、有名な物語がある。ギリシア、トロイ両軍のくりひろげる戦況を、劇的にうたいあげている。二十四巻におよぶ、長編叙事詩である。トロイの英雄・アエネイスをクローズ・アップさせたことでも、知られていよう。

このアエネイスに、トロイ陥落後は、ローマへおちのびたとする伝説がある。共和国・ローマの基礎をつくったのは、アエネイスの子孫だとも、されている。

もちろん、ギリシアの詩人・ホメロスが、そうのべているわけではない。ローマの建国伝説とアエネイスをむすびつけたのは、古代のローマ人である。西洋の古典にくわしい読者なら、先刻御承知のことだろう。この物語は、ローマの詩人・ウェルギリウスが、『アエネイス』（全十二巻）で創作した。

その第六巻は、主人公のアエネイスが、冥界と天国をめぐる話になっている。いわゆる異界遍歴譚である。千三百年後のダンテは、この部分から『神曲』を構想したらしい。

極東の日本にも、これをヒントにして成立したと言われる物語がある。室町末期から戦国期に成立した、『天狗《てんぐ》の内裏《だいり》』とよばれる御伽草子《おとぎぞうし》が、それである。

千五百年ほどの時をこえて、ウェルギリウスの翻案が、日本の中世文芸にできていた。このことを、最初に言いだしたのは、国文学者の島津久基《ひさもと》である。その島津説を紹介する前に、両者のあらすじを、ざっと披露しておこう。

最初に、『アエネイス』から。

アエネイスは、アポロンをまつった聖山で、巫女《みこ》の神託を耳にする。なき父とあうてだてをたずねたアエネイスは、彼女の指示にしたがって冥界へおもむいた。まず、火山の噴火口から地獄へでかけ、殺生の湖を通過する。さらに、嬰児界、冤死界、自殺界、哀傷界、勇士界……と、さまざまな地獄をおとずれた。

最後にたどりついた天国で、ようやく父とは対面する。そして、その場で、トロイ人の未来と、アエネイスの世界征服という予言を、聞かされた。

つづいて、『天狗の内裏』へうつろう。これは、牛若丸を主人公とする、いわゆる義経物の一種である。

牛若丸は、鞍馬の毘沙門堂で、天狗の内裏を見たいとねがっていた。さいわい、霊夢の力で、そこへはゆきつける。大天狗の妻に冥界の父とあうようすすめられた牛若は、大天狗の案内で地獄へおとずれる。その遍歴は、炎の山と血の池地獄にはじまった。あとは、餓鬼道、修羅道など、百三十六の諸地獄を、めぐっていく。最後は、九品の浄土へおもむき、今は大日如来となったなき父・義朝と再会する。そこでは、父から、牛若が平家をたおして天下の武将になるだろうと、つげられた。

たしかに、話の骨格は、よくにている。ディテールにおいても、つうじあう部分は、すくなくない。『ユリシーズ』と『百合若大臣』の類似以上に、にかよっているとも評せよう。

つづいて、両者の伝播関係を、島津がどう論じていたかに、話をうつしたい。『天狗の内裏』は『アエネイス』にもとづいて、つくられた。そう島津は、一九一〇年代から語りだしている（「牛若丸地獄廻伝説（『天狗の内裏』）とエニアス伝説」『東亜之光』一九一六年一一月号）。ここでは、『日本文学講座』（一九二七年）へよせた文章から、その立論をひいておく。

牛若地獄廻といふ此の無稽の物語は、イニーアス伝説の変形転化であらうことは、先づ疑ひなからうと思ふ。これが日本化して義経伝説に吸引併合せられた径路に関して、明証を提示する資料に逢著《ほうちゃく》することの出来ぬのは遺憾であるが、恐らくは……室町末期に海を渡つて、南蛮人の手によつて直接伝来したものであらう。[*88]

文中に「イニーアス」とあるのは、アエネイスの英語読みである。ちなみに、アエネイスはラテン名、古代ギリシアでは、アエネアスとなる。この本では、ウェルギリウスの叙事詩に敬意をはらい、アエネイスと表記した。

島津の立論へもどるが、けっきょく、明白な証拠は見いだせていない。実証的には、あやふやなのである。だが、島津は、「疑ひなからうと思ふ」、「恐らくは」という調子で、おしきっている。

島津は、一九二八（昭和三）年に、『近古小説新纂考説』という本を編述した。そのなかに、「天狗の内裏」なる一文を、よせている。『日本文学講座』での論旨を、ほぼそのまま反復させた文章ではあった。

こちらのほうでも実証的なデータは、提示できていない。「此の点に関しては不幸にして有力な資料の得られないのを遺憾とする」[*89]。正直に、そうざんねんがっている。にもかかわらず、『アエネイス』の日本伝播説では、強気な態度を堅持した。

坪内逍遙以来いくつも提出されてきた伝播説と、その点ではつうじあう。日本文芸史上に、舶来種を見つけたがる。あの情熱を、島津久基も、また共有していたというべきか。なお、島津は、坪内の百合若大臣解釈と、自分の新しい説を、こう対比した。『日本文学講座』での指摘である。

百合若伝説の本拠が『オディツシイ』であるとすれば、トロイの戦捷者と戦敗者とに関する泰西伝説が、それぞれ日本化したのは、面白い対照と言はねばならぬ。[*90]

たしかに、おもしろかろう。トロイ戦争に勝ったユリシーズが、日本へきて百合若となる。敗者のアエネイスが、『天狗の内裏』で、牛若丸に変貌する。もしそうだとすれば、日本の中世とトロイのあいだで、赤い糸がつながることになる。島津ならずとも、好奇心をかきたてられることは、あると思う。

この「面白い対照」の妙を、島津は、のちの原稿でも、くりかえし指摘する。たとえば、『近古小説新纂考説』（一九二八年）で、そのことを力説した。[*91]『国民伝説類聚・前輯』（一九三三年）にも、同じような言及がある。[*92]

のみならず、文学辞典の執筆にさいしても、それを反復して記載する。じっさい、『日本文学大辞典』（一九三四年）で、「百合若大臣」の項をひくと、こうある。この項目を担当した島津の言葉だが、筆のはずんでいる様子を、読みとれよう。

坪内博士に従へばホーマーの「オディッシイ」がその本拠で、「百合若」の百合はユリシスの名から来てゐると推断せられてゐる。若し然りとすれば、「天狗の内裏」

（別項）の本拠としてのイニードと共に、好一対をなす興味ある対照で、説話学上にも交通史上にも注目すべき資料である。[*93]

「百合若大臣」の項目で、わざわざ『天狗の内裏』を、ひきあいにだしている。坪内説と自説をならばせようとする情熱が、露骨につたわる筆法である。日本文芸史上に、舶来種を見つけようとする。坪内以後に蔓延したあの意欲は、まだまだ生きていた。島津久基が活躍する一九二、三〇年代になっても、つづいていたのである。

『アエネイス』が日本につたわって、『天狗の内裏』は成立したという。では、誰が、いつ、どうやって、そんな話を日本へもちこんだのか。さきにもふれたが、島津久基は、南蛮渡来というコースを、思いえがいていた。

いや、それどころではない。島津は、伝播のにない手として、あるひとりの人物に、興味をよせていた。すなわち、ポルトガルの詩人・カモンエスである。

カモンエスが、一時期、中国のマカオでくらしていたことは、すでにのべた。十六世紀のなかばから、後半にかけてのころである。このカモンエスをつうじて、ユリシーズ伝説が日本人に、つたわったかもしれない。新村出《しんむらいずる》が、そんな空想をたのしんでいたことも、既述のとおりである。

島津もまた、このカモンエスに、目をつけた。こう書くと、島津が新村説へ追随しているように、思われようか。坪内のみならず、新村のあともおいかけていたのか、と。すこしは、そういう気配もある。島津じしん、新村説からおそわったことを、『日本文学講座』のなかでみとめていた。つぎのように。

私の上に述べた推測を間接に助成し、貧しい私の空想を更に刺激し展開させてくれる一の事実を、新村出博士の「南風」（『続南蛮広記』所収）によつて訓《おし》へられることを付記しておきたい。それは同篇に於て博士が追憶してをられる「極東流竄の詩人カモエ《ママ》ンス（Camoe《ママ》ns）の事である。[*94]

だが、はたして、詩人・カモンエス経由などという筋道で、だいじょうぶなのか。新村じしん、この詩人がユリシーズ伝説を極東へつたえたとする自説には、懐疑的だった。「史的空想」でしかないと、やや自嘲気味に、書いている。あとで、一時期『ユリシーズ』の東伝論じたいを、放棄したりもしていたのである。

そんなカモンエスに、『アエネイス』伝達の役割をたくそうという。ずいぶん、あぶなっかしい立論に、思われようか。だが、島津には彼なりの成算もあった。

詩人・カモンエスは、ポルトガルのコインブラで、ローマの古典をまなんでいる。

とりわけ、ウェルギリウスの詩作には、共感をいだいていた。新村によれば、自ら「新ギルギリウス」と、名のることもあったという。

島津久基は、そんなカモンエスの教養と経歴に、とびついた。それだけ、ウェルギリウスにいれこんだ詩人だったとしたら……。とうぜん、『アエネイス』にもつうじていただろう。なんといっても、『アエネイス』は、ウェルギリウスの代表作だったのだから。

マカオにいたカモンエスから、アエネイスの話が伝来した可能性も、すこし高くなる。すくなくとも、ユリシーズの物語がつたわったという説より、信頼はしやすかろう。発案者の新村もうたがっていたアイデアに、島津がすがったのは、そんな事情からである。

カモンエスをつうじて、『ユリシーズ』が日本へ伝播する。この新村仮説を紹介しながら、島津は『アエネイス』のことを、こう強気に語っていた。

> イニーアスの物語も同じやうにして語り伝へられなかつたであらうか……ウリッセス物語に劣らず——否却つて以上に……何となれば、その『ルシアダス』をものするにも、其の人の詩体に則つたほどカモエン《ママ》スが心酔してゐたばかりか、自ら以て任じ、且名告つた誇らしい私号は、実に『新ギルギリウス』のそれではなかつたか。[*95]

翌年の『近古小説新纂考説』でも、島津は新村のカモンエス論を、ひっぱりだしている。そして、そのアイデアを自分の『アエネイス』伝播論へ援用すると、新村につげている。

此の興味深い空想を直に『イニード』の上に移して、其の伝来の径路の仮想とする事の許容を、改めて博士（筆者註：新村出のこと）に乞はねばならぬ。何となればそれはウリツセス物語の場合よりも、もつと因縁が深く且《かつ》自然でもあり、而《しか》も事実らしさを多分に持つ空想となるからである。[*96]

新村は、カモンエスという、すばらしい伝達者をさぐりだしていた。しかし、カモンエスのつたえた物語としては、『ユリシーズ』よりふさわしいものがある。自分は『アエネイス』こそ、カモンエスにぴったりくると思うのだが、どうだろう。島津は、先輩の新村に、そんなメッセージをおくっていたのである。

ひょっとしたら、島津は、新村にもうしわけなく思っていたかもしれない。アイデアは先輩の新村からもらっていた。にもかかわらず、自分はその先輩を、ある面でのりこえたかのように書いている。新村のアイデアを、新村以上にうまく活用できる材料が見つかった、と。

新村仮説を『アエネイス』伝播論へ、応用する。そのゆるしを、新村「博士に乞はねばならぬ」。このややおおげさな言辞の背後に、そんな心情を読みとるのは、うがちがすぎようか。

いずれにせよ、しかし、カモンエスの存在も、決定的な証拠とはなりえない。ウェルギリウスの崇拝者が、マカオにいた。ただそれだけのことから、『アエネイス』の日本伝来を証明するのは、不可能である。

島津は、「事実らしさを多分に持つ空想」ができたと、自負している。たしかに、もっともらしくはなっている。だが、「空想」の域にとどまるという点は、かわらない。

イソップ童話が、南蛮時代の日本につたわったことは、事実である。うたがう余地は、まったくない。前にものべたが、その完璧な文献的証拠が、現存する。『エソポのファブラス』や『伊曾保物語』などが、そうである。

島津の立論には、そういった有無を言わさぬデータが、見あたらない。あるいは、見つけようとした努力の形跡も、希薄である。見つからないのを「遺憾」とする。悪く言えば、そんな文言で、逃げているようにも感じられる。

西洋の古典が、中世の日本へもとどいていた。そのことをきちんと論じるためには、やはり確実なデータがほしい。それこそ、ホメロスやウェルギリウスが伝来していた、そのたしかな証拠が見たくなる。

もちろん、そういった古典類が見つかっただけでも、ほんとうはものたりない。それらが、『百合若大臣』や『天狗の内裏』にばけたとは、言いきれないからである。だが、せめてホメロスなどが、日本にとどいていたことぐらいは、証明すべきだろう。それをあきらかにしなければ、翻案の可能性をうんぬんするところまで、話がすすまない。

日本の文芸史上に、舶来種を探索する作業は、なかなかおもしろいと思う。しかし、いざ実証しようということになると、おそろしく高いハードルがまっている。なみたいていの作業ではないのである。

南蛮渡来のクラシック

南蛮時代の日本に、ギリシアやローマの古典が、とどいていたかどうか。言語学者の新村出は、早くからそのことに関心をよせていた。「西洋文学翻訳の嚆矢」（一九一〇年）でも、こうのべている。

三百年前の少年も今日の吾々と同様に、羅甸《ラテン》の読初にシーザーの『戦記』やシセロの『論集』を習つたらうか。それとも此等をも異端と見做されて、攻めることを禁じられてあつたか。[*97]

南蛮のバテレンたちが、学校をたてて日本人の教育にあたったことは、よく知られている。ルネッサンスをへて、古典古代の文芸がよみがえっていた時期ではあった。ギリシアやローマの異教徒が書いた文章も、読まれだしてはいたのである。だから、彼らが教材として、カエサルやキケロをとりあげていた可能性はある。すくなくとも、時期的には。

しかし、当時のバテレンたちは、布教の情熱にもえていただろう。なによりも、キリスト教をこそ、日本へつたえようとしていたのではないか。そんな彼らが、異教徒の書いた文献を、テキストにつかったとは思いにくい。新村は、そううたがっていたのである。

ユリシーズの話は、船乗りたちが日本へつたえたのかもしれない。マカオの詩人・カモンエスが、日本人におしえた可能性もある。新村がそういった口頭での伝播を想像していたことは、すでにのべた。

こういう空想がうかんだ理由のひとつも、バテレンたちの信仰心にある。熱心なクリスチャンである彼らが、おおっぴらに異教の物語をおしえていたとは思えない。彼らの教材テキストを検討しても、古典古代の文章は、見つからないんじゃあないか。そんな判断から、オーラルな伝播説へたどりついたという一面は、あったろう。しかも、バテレンではなく、船乗りをはじめとする俗人に、伝播の役割りを期待して。

もっとも、そのバテレンたちについても、新村はこんな夢想をよせていた。「よしや講じなくとも、教舎の蔭で少年に話して聞かせた師の坊はなかったらうか[*98]」。異教の古典を、授業ではとりあげない。だが、こっそり日本の子供におしえることぐらいは、あったんじゃあないか、と。いかにも新村らしいファンタジーではあった。

あぶなっかしい議論だと思う。新村じしんも、そのきわどさは自覚していたにちがいない。一度は、そのために、これらの想像を撤回したこともあった。

状況がかわりだしたのは一九一〇年代の後半になってからである。このころ、三菱の岩崎家が、東洋学関係の洋書コレクションを、購入した。ジョージ・モリソンの蔵書、いわゆるモリソン文庫が、それである。東京・駒込の東洋文庫は、これをベースとして設立された機関にほかならない。なお、正式に発足したのは、一九二四（大正十三）年からである。

もちろん、この大コレクションを入手するさいには、多くの研究者がてつだった。なかでも、石田幹之助《みきのすけ》の尽力は、史家のあいだにひろく知られている。

石田らは、この文庫に、日本関係の洋書も収集しだしていた。南蛮時代の文献も、とりよせている。欧州の各図書館に点在していた関連資料も、複写して入手するよう、こころがけていた。そのことでは、事情通の新村出に協力を要請することも、あったという。むろん、新村もこの作業はてつだった。

新村がこのとき目をつけた文献に、アルヴァレスの『ラテン文典』がある。一五九四（文禄三）年に、天草で刊行されたローマ字の文献である。そこには、ラテン語、ポルトガル語、日本語の動詞活用が、しめされていた。日本人が利用する便宜も考慮した、一種の文法書だといえる。

現物は、ローマのアンジェリカ文庫に、はいっていた。新村は、東洋文庫へ、これの複写を手に入れるよう要請する。そして、一九二一（大正十）年には、『ラテン文典』のうつしが日本へ到着した。

読むと、なかには、ラテン語の文章が、数多く引用されている。とりわけ多く目についたのは、ローマ古典からの引用である。キケロ、セネカ、そしてウェルギリウスなどが、この文法書にはひかれていた。

このテキストが、日本人相手の教材となったことは、うたがえない。そんな文献に、古代ローマの文章が、のっていた。つまり、十六世紀末の日本へ、ローマ古典のとどいていることが、判明したのである。

新村は、またバレトの『聖教精華』にも、興味をよせていた。これは、一六一〇（慶長十五）年に、長崎で刊行された、ラテン語の文献である。一種の金言集とでもいうべきか。当時、南欧でひろく語られていただろう名文句の数々を、おさめた書物である。

こういう本のあったことは、早くからアーネスト・サトウが、書きとめていた。だが、サトウはその現物を、見ていない。村上直次郎が、リスボンのある中学校で見かけたことも、一部の学者には知られていた。しかし、それも、いつのまにか、その中学から消えうせ、行方不明となっている。つまり、手にとって、くわしく検討した学者は、誰もいなかったのである。

新村は、オランダの古書目録に、この『聖教精華』がのっているのを、発見した。一九一五（大正四）年のことであるという。[*99]ハーグのネイホッフ書店が、目録にこれをリストアップしていたのである。同書店は、マドリードのビンデル書店から、しいれていたらしい。[*100]

おそらく、そのことを、東洋文庫側にも示唆したからだろう。石田幹之助は、さっそく、同文庫で購入すべく、手配した。そして、一九一九（大正八）年には、これを東洋文庫へおさめている。

よほど、そのことをありがたく思っていたのだろう。新村は、のちにある論文で、石田の名をあげてねぎらった。「これは同文庫の石田幹之助氏の力によるもので」と。[*101]

さて、『聖教精華』の中身だが、ここでも古典からは、たくさん引用されていた。新旧の聖書と、ギリシア・ローマの古典から、金言類がえらばれていたのである。アルヴァレスの『ラテン文典』は、もっぱらローマのものを、ひいていた。もちろん、バレトの『聖教精華』にも、キケロやウェルギリウスの文章はある。しかし、古典として引用されていたのは、これらローマの著述家だけにかぎらない。ホメロス、プラトンをはじめとする古代ギリシアの文章も、紹介されていた。

もとより、長崎で出版された書物である。とうぜん、日本人にたいする教材としても、利用されていただろう。つまり、ローマのみならず、ギリシアの古典も、日本にはとどいていたのである。

二十世紀の初頭までは、まだこのことがよくわかっていなかった。日本につたわった古典としては、イソップ童話だけしか知られていない。ギリシア・ローマの異教徒による文献は、むしろ伝播しづらかったと認識されていた。だからこそ、新村などは、一時期、オーラルな伝播説を空想していたのである。

だが、バテレンたちは、当初の予想以上に、ギリシア・ローマの古典と親しんでいた。ルネッサンスの文芸復興は、彼らにも、それだけの感化をおよぼしていたのである。

研究者たちは、東洋文庫の設立以後、そのことをあらためて認識しただろう。一九一〇年代後半からの新村らは、まったく新しい情報環境におかれだしたのである。もう、旧説のように、文献外の口づたえという解釈へこだわる必要は、なくなった。文献をつうじての翻案という仮説が、どうどうと提示できるようになったはずである。『天狗の内裏』という御伽草子には、ウェルギリウスからの影響がある。国文学者の島津久基は、一九一〇年代から、そう言いだした。この点は、さきにものべたとおりである。

しかし、島津は、『ラテン文典』や『聖教精華』に、まったく言及していない。伝播の経路としては、新村の旧説をあげている。一九二七（昭和二）年になっても、カモンエスからの伝播論で、強引におしきった。

東洋文庫のもたらした新情報も、ひろく知られていたと思う。じっさい、石田幹之助も、『聖教精華』の紹介記事を書いていた。一九二六（大正十五）年にでた『新小説』の「南蛮紅毛号」で、強調していたのである。ウェルギリウスをはじめとする古典が、日本にきていたことを。

島津なら、とびついてもいいはずの情報ではなかったか。にもかかわらず、こういった知見へは、ぜんぜん目をむけていない。この点に関するかぎり、少々不勉強だったのかなと思うが、どうだろう。

新村出は、一時期、『百合若大臣』の『ユリシーズ』起源説を放棄した。文献的な証拠がまったく見つからないこの説に、自信をなくしてしまったからだろう。

だが、一九二六（大正十五）年には、ふたたび肯定的な見解をしめしている。坪内逍遙の著作集刊行をいわう会で、前向きな姿勢をとりもどした。会場で講演をした新村は、坪内の百合若＝ユリシーズ説を評価したのである。[*102] もちろん、そこには、坪内をもちあげる祝辞めいたニュアンスも、あったろう。

しかし、そんな追従気分だけで、百合若＝ユリシーズ説へ回帰したとは、思えない。新村が、旧説への自信をとりもどしたことも、この再転向には一役買っていただろう。

じっさい、一九一〇年代後半からは、新しい事実があきらかになってきた。ギリシア・ローマの古典が、南蛮時代の日本へとどいている。バテレンたちは、ホメロスやウェルギリウスの文章を、日本人におしえていた。当初は想像しにくかった、そんな日本布教の実情が、うかんできたのである。

日本人用のテキストに、ホメロスらの紹介は、なかったろう。そう思えばこそ、以前は、冒険的な仮説にはしったりもしていたのである。船乗りやマカオのカモンエスあたりを、もちだして。そして、あまりのあぶなっかしさゆえに、それを断念することさえ、なかったわけではない。

しかし、ホメロスらの文章が見つかった以上、そういう奇説にたよる必要はなくなった。なんといっても、ギリシア・ローマの古典は、かくじつに日本へとどいていたのである。あとは、そこから話をふくらませれば、物語の伝播という説もたてやすくなるだろう。

もちろん、『ユリシーズ』の翻案説などは、まだまだなりたたない。決定的な論証ができないという点では、以前と同じである。

だが、マカオからの伝播を強弁したころとくらべれば、事態はよほど改善されてきた。かつては、伝播のにない手を、船乗りに仮託してもいたのである。そのことを思えば、よほど説得的な立論ができるようになりだした。すくなくとも、東洋文庫への新着資料が、伝播論に追い風をむけたことは、まちがいない。

新村が、一九二〇年代後半に、再度旧説へかたむいたのは、そのためでもあったろう。ざんねんながら、坪内の祝賀会では、そのあたりの説明をまったくしていない。だが、新村と東洋文庫のつきあいを考えれば、どうしてもそのように、思えてくる。

じっさい、後年の新村は、『ラテン文典』や『聖教精華』の存在を、強調した。そこから『百合若大臣』などの翻案説を、語るようにもなっている。

たとえば、アルヴァレスの『ラテン文典』にふれた、こんな指摘がある。一九二八（昭和三）年の文章である。

シセロ、ヴァージル、クヰンチリアン、リヴィ、ホレース、セネカ、殊にヴァージルの諸篇からの引用は多い……私が二十年前に稿した「南風」のうちに空想したやうなことが、ここに文献上の徴証となつて現はれてゐる。むろん、之を以て直に『オデッセイ物語』や『ルシアッド譚』が、日本に伝はつて、それから如何なる文学的材料となつたかといふ問題に対して、未だ具体的証明を与へてゐるわけではない。[*103]

ヴァージルは、ウェルギリウスの英語音を、しめしている。日本で刊行された本に、そのウェルギリウスが、数多く引用されていた。あんがい、自分が二十年前に言いだしたことも、あたっていたのではないか。新村は、ここでそんなふうに書いている。旧説への自信を回復している様子が、はっきり読みとれよう。

坪内逍遙を前にした講演会で、新村が同じことを考えていたという確証はない。しかし、前後の事情は、あきらかにそのことをしめしている。新村は、もうこのころから、自信をよみがえらせていたのだと、判断しておきたい。

もっとも、新村も『ラテン文典』などの存在が、決定的だとは思っていなかった。自説に有力なデータがふえただけであり、最終的な論証はできていない。そのことは、もちろんわきまえていたのである。

一九三五（昭和十）年に、新村は「南蛮文学」という文章を、書いている。岩波書店の『講座日本歴史』によせた論文である。そこでは、『ラテン文典』と『聖教精華』をひきつつ、つぎのように論じていた。

> かの遠西ルネサンスの尚古学風の反映が、この九州の一隅から出た小冊の裡にも幽かに影さすのである。嘗《かつ》て……坪内逍遙博士が我が『百合若物語』との関係を推考された『ユリシイズ』（"Ulysses"）の作者ホーマー（Homer）の名や、近くは……島津久基氏が我が『天狗の内裏』との類縁を考察された『イーニード』（"Æneid"）の作者ヴァージルの名が、かかる文献の上に見えてゐるのは、此ら二説の推考に一つの資料を与へるとおもふ。[*104]

『ユリシーズ』や『アエネイス』の作者は、南蛮時代の日本でも知られていた。近年、そのことがあきらかになりだしている。坪内逍遙の説も島津久基の説も、有力なてがかりを獲得したとは、いえまいか。新村は、そう書きながら、両者へエールをおくっている。

なお、『ラテン文典』には、『アエネイス』の文章そのものも、記載されていた。島津が『天狗の内裏』を、その後に派生させた種本だという。それそのものが、日本に伝来していたのである。『天狗の内裏』が舶来起源だとする仮説は、ますます有力になったというべきか。

新村も、この点については、特筆しながら書いている。以下にひくのは、『日本吉利支丹文化史』（一九四一年）の一文である。

> アルヴァレース『拉丁《ラテン》文典』も欧州古典、殊に拉丁文の引用が多く、『天狗の内裏』の原本に擬せられてゐるヴァージルの『イーニード』からの抜粋も見えてゐる。[*105]

あいかわらず、決定打があったわけではない。だが、新村は両説の将来的な展望を、こう楽観的にえがいている。

> 文献的には確実な証拠はないが、三十余年以前坪内逍遙博士が『百合若物語』の伝来の根拠をホーマーの『ユリシーズ』に求められたやうなこと、又島津久基氏が近古の小説『天狗の内裏』の原本をヴァージルの『イーニード』と擬定された如きは、吉利支丹《キリシタン》版の語学書中の文例には希臘《ギリシア》拉丁《ラテン》の古典文学の数多い引用があることから、将来に於ては伝承と文献との二方面から史的資料的根拠が期待されさうに想はれる。[*106]

いずれは論証されるだろうという。まことに明るい見とおしである。

かつてこの説をあきらめた新村が、ここまで書ききった。『ラテン文典』などの検討は、それだけこれらの説に、力をあたえていたのである。すくなくとも、新村がこちらのほうをむきだした事情は、よくわかる。当時のキリシタン文献学は、そんな推論がわくような発見を、つづけていたのである。

しかし、それにしても、この本でしめされた展望は、明るすぎる。すこし肯定的にとらえるくらいなら、まだいい。だが、これほど前向きに揚言されると、困惑をおぼえてしまう。ほんとうに新村は、そこまで積極的な気持ちを、いだけたのだろうか。

この点については、のちほどあらためて、くわしく検討していきたい。

第四章　註

＊1　坪内逍遙「百合若伝説の本源」一九〇六年（『逍遙選集　第一一巻』第一書房　一九七七年）八三二ページ。
＊2　同右　八三〇ページ。
＊3　同右　八二四〜八二五ページ。
＊4　「壱岐に於ける百合若大臣の伝説」『人類学雑誌』第二七巻第九号　一九一一年　五七八ページ。
＊5　前田淑「日本各地の百合若伝説・上――その分布・分類・性格」『福岡女学院短期大学紀要』第五号　一九六九年　一ページ。
＊6　高野辰之「幸若舞曲研究」（『日本文学講座　第五巻』新潮社　一九二七年）三ページ。
＊7　同右　二ページ。
＊8　藤岡作太郎『国文学史講話』一九〇八年　岩波書店　一九四六年（復刊）二一二ページ。
＊9　野々口精一「天稚彦物語の本源――ギリシアの『愛と心』」『帝国文学』一九一〇年　一〇月号八六ページ。
＊10　高野斑山「壱岐の百合若伝説」『早稲田文学』一九〇七年二月号　五一ページ。
＊11　高野辰之前掲「幸若舞曲研究」三ページ。
＊12　上田万年「緒言」『舞の本』金港堂書籍　一九〇四年　一〜一〇ページ。
＊13　高野辰之前掲「幸若舞曲研究」三ページ。

＊14　幸田露伴序文『新群書類従　第八巻』国書刊行会　一九〇六年　三ページ。
＊15　坪内逍遙前掲「百合若伝説の本源」八三二ページ。
＊16　新村出「西洋文学翻訳の嚆矢」一九一〇年（『新村出全集　第七巻』筑摩書房　一九七三年）三八八ページ。
＊17　同右。
＊18　同右。
＊19　新村出「南風」一九一〇年（『新村出全集　第五巻』筑摩書房　一九七一年）二七ページ。
＊20　同右。
＊21　同右。
＊22　新村出「逍遙博士より得たる感銘」一九二六年（『新村出全集　第八巻』筑摩書房　一九七二年）四二〇ページ。
＊23　同右。
＊24　上田敏「鏡影録・一」一九〇六年（『定本上田敏全集　第七巻』教育出版センター　一九八五年）三二四ページ。
＊25　上田敏「伊曾保物語考」一九一二年（『定本上田敏全集　第九巻』教育出版センター　一九八五年）四〜五ページ。
＊26　神田喜一郎「羽田先生の想い出」一九五五年『敦煌学五十年』筑摩書房（叢書）一九七〇年一六九ページ。
＊27　同右　一六九〜一七〇ページ。

＊28 同右　一六九ページ。
＊29 幸堂得知「百合若大臣と甲賀三郎」『早稲田文学』一九〇六年五月号　六四ページ。
＊30 杉谷虎蔵『希臘神話』冨山房　一九〇九年　三六六ページ。
＊31 「例言」同右　二ページ。
＊32 平出鏗二郎『近古小説解題』大日本図書　一九〇九年　四四六ページ。
＊33 野々口精一前掲「天稚彦物語の本源」八六ページ。
＊34 高木敏雄「驢馬の耳」一九一〇年『増訂　日本神話伝説の研究・二』平凡社（東洋文庫）一九七四年　三八九ページ。
＊35 南方熊楠「西暦九世紀の支那書に載せたるシンダレラ物語（異なれる民族間に存する類似古話の比較研究）」一九一一年（『南方熊楠全集　第二巻』平凡社　一九七一年）一二三ページ。
＊36 「討論」（君島久子編『日本基層文化の探求　日本民間伝承の源流』小学館　一九八九年）九七ページ。
＊37 「座談会　語りものの起源と渡来」『フォクロア』二号　一九七七年　一九ページ。
＊38 井上光貞「聖徳太子」一九六五年（『井上光貞著作集　第九巻』岩波書店　一九八五年）三ページ。
＊39 家永三郎『上宮聖徳法王帝説の研究・増訂版』三省堂　一九七二年　二七四ページ。
＊40 青木和夫「聖徳太子の時代」『朝日百科・日本の歴史』朝日新聞社　一九八九年　一〇ページ。
＊41 海老沢有道「景教伝来説」一九六〇年（『地方切支丹の発掘』柏書房　一九七六年）一一二ページ。
＊42 田村円澄『聖徳太子――斑鳩宮の争い』中央公論社（新書）一九六四年　八ページ。
＊43 久米邦武「聖徳太子実録」一九〇三年（『久米邦武歴史著作集　第一巻』吉川弘文館　一九八八年）一八ページ。
＊44 同右　一八～一九ページ。

＊45 同右 一八ページ。
＊46 上原和『斑鳩の白い道のうえに』一九七五年 朝日新聞社（文庫）一九八四年 九三ページ。
＊47 久米邦武「治外法権に付て」『史学会雑誌』一八九〇年一一月号 二ページ。
＊48 久米邦武「神道の話」一九〇八年（『久米邦武歴史著作集 第三巻』吉川弘文館 一九九〇年）三二二ページ。
＊49 佐伯好郎「太秦（禹豆麻佐）を論ず」一九〇八年『景教碑文研究』待漏書院 一九一一年 四七ページ。
＊50 同右 四八ページ。
＊51 同右 四九ページ。
＊52 佐伯好郎「自序」前掲『景教碑文研究』三二一～三二三ページ。
＊53 服部之総「旧刊案内」一九五四年『原敬百歳』一九五五年 中央公論社（文庫）一九八一年 二二四～二二五ページ。
＊54 中尾傘瀬「イソップ物語と毛利元就遺訓」『早稲田文学』一九〇七年四月号 一七四ページ。
＊55 同右 一七五ページ。
＊56 失名氏「イソップと元就遺訓の別考」『早稲田文学』一九〇七年六月号 一二八ページ。
＊57 大槻磐渓『近古史談 巻之二』一八九五年（復刊）一三～一五ページ。
＊58 中村忠行「王様の耳は驢馬の耳」『甲南女子大学研究紀要・二〇』一九八四年 三六ページ。
＊59 南方熊楠「『大日本時代史』に載する古訓三則」一九〇八年（『南方熊楠全集 第三巻』平凡社 一九七一年）五八ページ。

＊60　新村出前掲「西洋文学翻訳の嚆矢」三九一ページ。
＊61　同右。
＊62　中尾傘瀬前掲「イソップ物語と毛利元就遺訓」一七五ページ。
＊63　野々口精一前掲「天稚彦物語の本源」八八～九二ページ。
＊64　同右　八五～八六ページ。
＊65　原勝郎『日本中世史』一九〇六年　平凡社（東洋文庫）一九六九年　六七ページ。
＊66　新村出「日本文学の海洋趣味」一九一六年（『新村出全集　第五巻』筑摩書房　一九七一年）三一二ページ。
＊67　津田左右吉「インド文学と国文学との交渉に就いて」『史学雑誌』一九一六年五月号　七三ページ。
＊68　同右。
＊69　津田左右吉『文学に現はれたる我が国民思想の研究――武士文学の時代』一九一七年（『津田左右吉全集　別巻第三』岩波書店　一九六六年）一七八～一七九ページ。
＊70　同右　一八一ページ。
＊71　津田左右吉前掲「インド文学と国文学との交渉に就いて」七三ページ。
＊72　津田左右吉前掲『文学に現はれたる我が国民思想の研究――武士文学の時代』一八〇ページ。
＊73　坂本健一『西洋歴史集成　上巻』隆文館　一九一七年　三七八～三七九ページ。
＊74　佐成謙太郎「幸若舞曲の詞章に就て・上」『芸文』一九二二年一月号　三六ページ。
＊75　木村毅「雑学問答」一九二五年『文芸東西南北』新潮社　一九二六年　二八〇ページ。

＊76 谷川磐雄『民俗叢話』坂本書店　一九二六年　一七〇ページ。
＊77 前掲「座談会　語りものの起源と渡来」一八～一九ページ。
＊78 前掲「討論」（君島久子編前掲『日本民間伝承の源流』）九七ページ。
＊79 ジェームズ・T・アラキ「百合草若の物語の由来」（国文学研究資料館編『国際日本文学研究集会会議録　第六回』一九八二年）二〇五ページ。
＊80 民俗学研究所『民俗学辞典』東京堂出版　一九五一年　六五三ページ。
＊81 柳田國男「海南小記」一九二一年（『定本柳田國男集　第一巻』筑摩書房　一九六八年）二三〇ページ。
＊82 柳田國男「山島民譚集・二」（『定本柳田國男集　第二七巻』筑摩書房　一九七〇年）二〇一～二〇二ページ。
＊83 坪内逍遙「百合若、酒顚童子、金太郎等」一九二二年（『逍遙選集　第一一巻』第一書房　一九七七年）八三八～八三九ページ。
＊84 同右　八四〇ページ。
＊85 同右　八三九ページ。
＊86 同右　八四〇ページ、八四八ページ。
＊87 同右　八四四～八四六ページ。
＊88 島津久基「『天狗の内裏』と『イニード』――牛若丸地獄極楽廻伝説とイニーアス伝説」（『日本文学講座　第一一巻』新潮社　一九二七年）二三九ページ。
＊89 島津久基「天狗の内裏」『近古小説新纂考説』中興館　一九二八年　六一二ページ。

＊90 島津久基前掲「『天狗の内裏』と『イニード』」二三八ページ。
＊91 島津久基前掲「天狗の内裏」六一二ページ。
＊92 島津久基『国民伝説類聚 前輯』大岡山書店 一九三三年 五二一～五二二ページ。
＊93 島津久基「百合若大臣」（藤村作編『日本文学大辞典 第三巻』新潮社 一九三四年）一〇五三ページ。
＊94 島津久基前掲「『天狗の内裏』と『イニード』」二四二ページ。
＊95 同右 二四三～二四四ページ。
＊96 島津久基前掲「天狗の内裏」六一四ページ。
＊97 新村出前掲「西洋文学翻訳の嚆矢」三八七ページ。
＊98 同右 三八八ページ。
＊99 新村出「図書館の一隅より」一九一五年（『新村出全集 第五巻』筑摩書房 一九七一年）四一八ページ。
＊100 石田幹之助「バレト『聖教精華』に引く欧西古典覚書」一九六〇年（『石田幹之助著作集 第三巻』六興出版 一九八六年）二〇四ページ。
＊101 新村出「サトウ氏の『日本耶蘇会刊行書志』」一九二六年 同右全集第六巻 一九七三年 二八五ページ。
＊102 新村出前掲「逍遙博士より得たる感銘」四二〇ページ。
＊103 新村出「南蛮文学概観」一九二八年（『新村出全集 第一一巻』筑摩書房 一九七一年）三三五ページ。

＊104　新村出「南蛮文学」一九三五年（『新村出全集　第七巻』筑摩書房　一九七三年）四七ページ。

＊105　新村出『日本吉利支丹文化史』一九四一年（『新村出全集　第六巻』筑摩書房　一九七三年）五二四～五二五ページ。

＊106　同右　四八〇ページ。

第五章

中央アジアへいたるまで

日本的文化受容の可能性

『天狗《てんぐ》の内裏《だいり》』という中世の御伽草子《おとぎぞうし》は、西洋の古典が種本になっている。ローマの『アエネイス』が、いわゆる南蛮時代に、日本へやってきた。それを日本側で翻案したのが、『天狗の内裏』にほかならない。

国文学者の島津久基《ひさもと》は、一九一〇年代のなかごろから、そう論じだしていた。日本の文芸史上に、船来種を見つけてことあげする。坪内逍遙いらいのそんなパターンが、この時期になっても、つづいていたのである。

こういった立論の背後には、船来の文化をありがたがる心情がある。ヨーロッパへのあこがれが、どこかにひそんでいることは、いなめない。おそらく、一九二〇年代までは、それが時代精神の主流をなしていたのだろう。

前に、島津の説を紹介しながら、そうのべたことがある。この解釈を、いまあらためてとりけすつもりはない。これはこれで、妥当な説明だと思う。

だが、じっさいには、それでおさまりのつかないところも、けっこうある。島津の論文を、ていねいに読んでいくと、船来趣味とは言えない部分も、見えてくる。

島津は、一九二七（昭和二）年に、『天狗の内裏』論を、書いていた。そして、たしかにここで、『天狗の内裏』は舶来起源だと、論じている。しかし、同時にこんな指摘も、そえていた。

『天狗の内裏』の素材がイニーアス伝説から出たとして、特に注意を逸し難い点は――そしてこれが殊に面白く感ぜられる点でもあるが――それがどんな風に日本化したかといふことである。此の泰西伝説を日本化して、其の上に住み息《いこ》うてゐる時代人の思想風尚の方向・姿相である。[*1]

『天狗の内裏』と『アエネイス』のあいだには、いくらかの差異もある。まったく同じだというわけではない。

こういったちがいは、どうしてできたのか。何に由来するのか。島津は、それが翻案の過程で生じたという。『アエネイス』は、日本に受容されることで、日本的な変形をこうむったというのである。

具体的には、仏教臭の加味されたことが、日本的変容の一例としてあげられる。あと、牛若丸、源義経の伝説へ付会されたことも、日本的だと、みなされた。島津は、そうしたところから、当時の日本文化を読みとるそぶりも、見せている。通俗仏教と、義経伝説が交差しあう、その日本的展開に目をそそいでもいるのである。

島津の主張が、坪内の百合若＝ユリシーズ説とちかいことも、すでにのべた。そして、島津は、自説に先行する坪内説へも、同じ好奇心をむけている。坪内が舶来だという『百合若大臣』のことを、こう論評してもいたのである。

> 曾て坪内逍遙博士が……「百合若伝説の本源」と題して、同伝説が有名なホーマー（ホメーロス）の『オディッシイ』の変形なるべき由を説かれたことがある。しかし余《よ》程《ほど》原伝説とは距離があつて……もし仮に『オディッシイ』が其の本拠である事が事実だつたとしたら、余程日本化してゐると言はねばならぬ。そして我々にはまたそれが却つて面白く感ぜられるのである。[*2]

『百合若大臣』もまた、いちじるしい日本化の傾向を、しめしている。そして、その日本的な変形のありようこそが、おもしろいというのである。

津田左右吉が、坪内説にまっこうから反対したことは、前にも紹介した。津田によれば、『百合若大臣』は、外来的な要素が希薄であるらしい。むりに舶来説をたてなくても、よくある日本の文芸だということで、処理できる。こんな思考の筋道から、津田は『百合若大臣』の国産説を、うちだしていた。

島津久基が、この津田説を意識していたかどうかは、わからない。島津の論文には、津田への言及がないので、なんとも判断しかねる。しかし、島津の指摘が、結果的に津田への反論となっている点は、おもしろい。西洋種でも、日本化してしまう可能性はあるという。そんな弁明の論法に、じゅうぶんいかせることをのべていたのである。

とはいえ、島津が津田とは正面から敵対しあう位置にいたとも、言いきれない。坪内のように、ただ舶来であることを強調した論客とは、やはりちがっていると思う。島津の場合は、日本的な受容のありかたにも、興味をいだいていたのだから。

そういえば、民俗学の柳田國男も、似たような関心のありかたを、ほのめかしていた。ルーツが西洋にあることじたいは、否定しない。だが、ことあげするのは、日本的な加工のほうになってしまう。一九二〇年代の柳田も、断片的なかたちでではあるが、そんな方向をむいていたのである。

この柳田とくらべれば、島津のほうが、より強く西洋を志向しているように、見える。しかし、日本文化による受容と変形へ、関心のむく部分があったという点は、つうじあう。これは、一九二〇年代をさかいに、学界の時流がかわりだしたせいでもあろう。ただ舶来説をのべたてた時代から、日本文化がクローズ・アップされる時代へと。

とはいえ、そちらの方向へ、島津がなだれこんでいったわけではない。『天狗の内裏』

をあつかったその論文には、こんな言辞もあった。『アエネイス』が日本化されたことを力説した、その直後にしめされた指摘である。

最後に、上に述べたやうに、時代装の中に裹《つつ》まれて全く法談物となつてゐるにかかはらず、此の伝説は、珍しくもなほ十分に日本化しきつてゐないものであると言ひ添へたい。全体の説話及び精神に於て何となく純日本説話としてはそぐはない感じがするばかりでなく……[*3]。

日本化されてはいるのだが、されきっていないところもあるという。なんとも、にえきらない態度である。舶来説を強調することへの未練もあることが、読みとれよう。『天狗の内裏』が、西洋の古典にむすびつく。なんとも、おもしろい着眼である。島津じしん、その発想にプライドももっていただろう。だが、日本化を強調しすぎると、せっかくのアイデアも、インパクトは弱くなる。ひょっとしたら、そんな配慮もあって、今紹介したような立場にとどまったのだろうか。

いずれにせよ、このころには、日本文化論的な興味が、浮上しだしていた。だが、まだそれも、全面化するまでには、いたっていない。時代精神がうつりかわる、そのさかい目あたりに位置していた。島津の躊躇も、そんな過渡期を象徴していると考えたいのだが、どうだろう。

二十世紀初頭の学界は、坪内逍遙風の学説を、好意的にうけとめていた。日本文芸史に舶来種をさがしだす作業は、ほかでもいくつかこころみられている。百合若とユリシーズをむすびつけた坪内説も、定説として承認されていた。

もちろん、そんな坪内説に抵抗した学者も、ごく少数いなかったわけではない。たとえば、音楽史研究の高野辰之も、例外的な批判者のひとりにあげられる。高野は、百合若伝説が、古くから北九州、とくに壱岐《いき》で成立していた可能性を提示した。坪内説の翌年、一九〇七（明治四十）年の指摘である。

その高野が、二十年後に、坪内説への肯定的な見解を披露した。かつての態度を軟化させ、百合若伝説の西洋起源論へあゆみよったのである。

一九二七（昭和二）年のことであった。高野は、『日本文学講座』（新潮社）に、新しい研究成果を報告している。第五巻にのせられた「幸若舞曲研究」という論文が、それである。坪内説に接近する姿勢は、この論文でしめされた。

ちなみに、島津久基が『天狗の内裏』を論じていたのも、この同じ講座である。これも、一九二七（昭和二）年にでた第十一巻で、発表されていた。ただ、時期的には、島津論文のほうが、やや早い。高野は、この島津論文を読んだうえで、自分の文章を書いていた。

島津と高野の前後関係については、あとでくわしく検討してみよう。まずは、高野の新しい見解を、紹介しておきたい。彼は、「幸若舞曲研究」のなかで、こんなことをのべている。

坪内逍遙翁は……舞曲の百合若がホメールの名作オデッツシイの粗《あら》筋ともいふべく、オデッツシイの羅甸《ラテン》名がユリシスであれば、疑も無く外来種だと提言された……希臘《ギリシア》劇の仮面と我が伎楽面との上に本末関係のあるべきを考へる私は、ホメールの作が東亜大陸を経てか、或は海の波に運ばれてか、何れにしても移し植ゑられたといふ所見に反対しようとは思はない。[*4]

かつては、疑義を呈していた。だが、もう「反対しようとは思はない」。これは、いったいどういうことなのか。なぜ、高野は一九二〇年代の後半になって、態度をかえたのだろう。

坪内は、『百合若大臣』と『ユリシーズ』に共通する部分を、数多くあげていた。両者の伝播関係を主張するために、一致点が強調されたのである。そして、この点については、高野もあいかわらず、ひややかな反応をしめしていた。「列挙された点は何《いず》れも類似してゐるが、まだまだ原話とは余程の距離がある」と。[*5]

一九二七（昭和二）年の高野にも、坪内説とはなじめない部分があった。たしかに、二十年前とくらべれば、坪内説への接近ははっきりしている。だが、それでも、全面的にそちらの方向へながされたわけではない。百合若とユリシーズのあいだに、ギャップをみとめる姿勢は、たもたれた。

あんがい、本音では、まだ坪内説をうけいれていなかったのかもしれない。すくなくとも、心のそこから納得していたわけでは、なさそうである。にもかかわらず、高野は「反対しようと」しなかった。いったい、どうしてなのだろう。

直接的な理由は、わりあいにはっきりしている。船来説の島津久基が、日本的な変形も強調していたことは、すでにのべた。高野は、この日本的な変形という解釈に、とびついたのである。じじつ、高野は「幸若舞曲研究」のなかで、こんなふうにも書いていた。

島津久基君が此の講座の第十一巻にオデッツシイが本拠であることが事実であつたとしたら、余程日本化してゐるといふべく、それが却つて面白いといはれたのに両手を挙げて賛したいのである。[*6]

もともと、高野は、『百合若大臣』のことを日本的な物語だと、思っていた。時代の主流をなしていた外来説になじめなかったのも、そのためである。

しかし、島津は外来説にこそたつものの、それが日本的であることもみとめていた。そして、高野はこの一点で、外来説とのおりあいをつけたのである。

日本的だということさえ了承されるなら、べつに外国起源論でもかまわない。以上のような判断から、百合若＝ユリシーズ起源説への反発を、てびかえる。その点で、島津の新説が、態度変更のさそい水になったのは、まちがいない。

こう見てくると、高野の百合若観は、あまりかわっていないことが、よくわかる。たしかに、外来説をきらういきおいは、弱まった。しかし、『百合若大臣』を日本的な文芸だとみなす文学観じたいは、前と同じである。外来説へのあゆみよりは、表面的なスタンスの変更にすぎないとも、評せよう。

あるいは、こうも言えようか。外来説全盛の二十世紀初頭には、高野説が時流からとりのこされていた。だが、しだいに時代の流れは、日本文化論のほうへと、むかいだす。外来説こそ、一気にはきえさらないものの、日本的受容論も浮上しはじめた。つまり、時流のほうが高野辰之に、ちかづきだしていたのである。

一九二七（昭和二）年の高野は、自分に接近してきた時代の流れへ、とびのった。島津久基から、結果的に誘惑されるかたちで、同調した。あまりに時流が自分からはなれているときは、そんな気分もおこらない。しかし、目の前へ時流がながれだしてきたので、ついついそれによりかかったのではないか。

なんといっても、以前は孤立感が強かったにちがいない高野のことである。時流との同伴がもたらす連帯の幻想には、大きな誘惑を感じていただろう。その連帯感があじわえるのなら、外来説ぐらい肯定してやってもかまわない。高野の心を、そんなふうに読みとくのは、邪推がすぎようか。

ここで、もういちど、島津久基が書いた『天狗の内裏』論を、読みかえしてみたい。そこには、前述のとおり、『百合若大臣』の日本的特色を論じるくだりもあった。その文章だが、じつは、こんなふうにもしるされていたのである。

（筆者註・百合若伝説は）時代の産物として大きな矛盾はないのみならず……又壱岐・豊後などに口碑として播布してゐる類似の武勇伝説がある由であるから（『早稲田文学』明治四十年二月之巻。「壱岐の百合若伝説」高野斑山博士）簡単には決定出来ないかも知れないが、もし仮に『オディッシイ』が其の本拠であることが事実だつたとしたら、余程日本化してゐる……。[*7]

そう、島津は、二十年前の高野論文をひきながら、百合若伝説の日本化を論じていた。ながらく、かえりみられなかった高野の指摘を参照しながら、書いていたのである。

高野の感激は、けっこう大きかったと思う。「島津久基君……に両手を挙げて賛したい」。高野は、自分よりずっと若い島津に、そんな賛辞をのべていた。

考えてみれば、少々おおげさな言辞である。その背後に、自分の旧説が引用されていたことのよろこびもあったとは、言えまいか。もちろん、これも邪推でしかないが、まんざらありえないことではないだろう。

ともかくも、一九二〇年代の時流は、日本文化論のほうへながれだしていた。外来説も否定はしない。しかし、それが日本文化にとりこまれ、変容を余儀なくされたところへも、目をむける。そんなスタンスが、このころには浮上しだしていたのである。いずれは、外来説じたいが、否定されるようになっていくだろう。日本文化論がエスカレートして、国産説へ傾斜する。一九二〇年代は、そんな時代をむかえる前の、前ぶれめいた時期だったのだと考えたい。

高野辰之が、外来説へ接近したことは、この趨勢と逆行しているように見える。しかし、それも、表面的にそううつるだけである。高野もまた、一九二〇年代の時勢とともにあったことは、いなめない。

ユリをあやつるイチジョーたち

柳田國男や南方熊楠が、百合若伝説へ関心をよせていたことは、すでにのべた。両者の百合若論も、紹介ずみである。

同じ民俗学者の折口信夫も、やはり百合若には興味をいだいていた。いくつかのそれに関する言及も、のこしている。たとえば、一九三〇（昭和五）年に、ある談話でこう言っていた。

二十年も前に坪内逍遙博士が、日本の百合若大臣の話は、欧州と日本との交通の開け初めた頃に、移入せられたものであつて、其為に、「ゆりわか」「ゆりしす」と言ふ名前迄も、よく似て居るのであらうと言ふ、問題を提出されました。事実、此説は誤りだと、言ひ切れない程、細部迄似て居るのであります。又これを、信じて居る人もあるのです。[*8]

百合若＝ユリシーズ起源説は、一九三〇（昭和五）年段階でも、支持されていたという。坪内説の初出が一九〇六（明治三十九）年だから、四半世紀は命脈をたもったことになる。

のである。

だが、折口は、この坪内説を懐疑的にうけとめていた。次の二点であやしいという

昔の説話運搬者、つまり歌比丘尼《びくに》や、宗教文芸家が、どうして、新しく舶来して来た物語を取り入れたかも疑問でありますが、百合若の話が出来上つた頃と、ゆりしすの話が日本へ這入つて来たと思はれる時代（室町時代）とが離れて居ればともかくも、余りにも近過ぎますので、此点が問題となるのであります。[*9]

いままでは、いわゆる南蛮人渡来のころが、ユリシーズ伝説の流入期だとされていた。しかし、『百合若大臣』は、ほぼ同じ時期に、もうできあがっている。「余りにも近過ぎ」る時代に、それは完成されていた。つまり、ユリシーズが百合若へ変貌をとげていく時間は、なにほどもなかったことになる。

こんな短い期間に、『ユリシーズ』が『百合若大臣』へ翻案されたと、言えるのか。南蛮経由という説は、だから信じにくいというのである。

しかし、『百合若大臣』が、それだけ早くできていたと、どうして言えるのか。南蛮人がやってくるころと、「余りに近過ぎ」る時期に、成立していたという。いったい、何を根拠にして、こんなことが書けたのか。折口は、その典拠を、まったくしめさな

い。ただ、「余りに近過ぎます」と言いつのっているだけである。

この点については、のちほどくわしく検討してみたい。折口がとりあげた、もうひとつの問題点を、ここでは考えてみよう。

日本の中世には、説話をつたえるひとびとがいた。折口のいう「歌比丘尼や、宗教文芸家」たちである。彼らに、舶来の『ユリシーズ』が、すぐつたわったとは考えにくい。折口は、そんな観点からも、百合若＝ユリシーズ説に、疑問を呈していた。

折口は、一九二九（昭和四）年から、「壱岐民間伝承採訪記」の連載をはじめている。数年前におとずれた壱岐の民俗を、報告したのである。

そのなかに、イチジョーとよばれる女たちを、紹介したところがある。なお、イチジョーは、壱岐にいた巫女のことである。東北地方でイタコと称される女たちに、相当する。そして、壱岐では、このイチジョーたちが、しばしば『百合若説経』をとなえていた。

「すみ女」というイチジョーから話を聞いた折口は、こんなレポートを書いている。

> 弓を叩いて神よせからはじめて、次に御籤あげをして其がすむと、百合若説経をよい程唱へる。さうやつておつとめをする中に、生き霊、死霊、げりょぉげまつりが、皆よつて来る。しまひに、祭りをさめをして、お神様を送り、生き霊、死霊、げり

ょおげまつりを送ると言ふ順序である。元は百合若説経以外にも、説経があつたらしいが、すみ女はなにも知らない。[*10]

もし、こういった女たちが、百合若伝説の「説話運搬者」だったとしたら……。西洋の『ユリシーズ』という古典が、彼女たちにつたわったとは、考えにくい。やはり、百合若伝説は、壱岐や北九州で独自にはぐくまれたと考えるべきだろう。

折口は、おそらくそんな含意をこめて、語っていたのだと思う。「昔の説話運搬者……が、どうして、新しく舶来して来た物語を取り入れたかも疑問」だ、と。こうして、折口は百合若伝説の国産説を、事実上展開したのである。

もちろん、百合若伝説をつくりだしたのが、巫女たちだったという保証はない。彼女らの語った『百合若説経』のほうが、あとでできたという可能性もある。もし折口が、彼女らの民俗世界を百合若伝説の源泉ととらえ、外来説を否定したのなら。それは、折口のファンタジーだったというしかない。

話はとぶが、『万葉集』に、「月よみの持たる変若《をち》水」という句をもつ歌がある。万葉の第十三巻に、作者不詳の歌として、このフレーズは顔を出す。古来より、その解釈が議論の的となってきた、万葉学者にはよく知られた詩句である。

折口信夫は、一時期これを、中国系の渡来人がもたらした若がえりの水だと、考えていた。そういうマジカルな水が、月中にあるという中国的な神仙説で、解釈したのである。「本集時代の人々は、此泉の実在を信じた……若がへる泉と信じてゐた様である」[*11]。一九一九（大正八）年には、そう書いた。

この折口説へ疑問をなげかけた学者に、ニコライ・ネフスキーというひとがいる。ネフスキーが、ロシア人で、東アジアの言語・民俗につうじていたことは、周知であろう。そのネフスキーが、折口にむかって「一つの好意に充ちた抗議」を、のべていたらしい[*12]。一九二六（大正十五）年に、ネフスキーが宮古島の調査からかえった時のことだという。

宮古をはじめとする沖縄諸島には、若水の信仰がのこっている。清明節の朝にくんだ水が、「若水」として神聖視されていた。万葉の「若水」もこれにつうじる、日本の民俗的なアイテムではないか。ネフスキーは、そのことを折口につたえ、中国起源説へ疑問をなげかけた。

そんなネフスキーの人柄を、折口は後年こうのべている。

かうした信仰の残つてゐる以上は、支那起原説はあぶない。此、日本人の細かい感情の隅まで知つた異人は、日本の民間伝承は何でも、固有の信仰の変態だと説きたがる私の癖を知り過ぎてゐた。極めて稀に、うつかり発表した外来起原説を嗤《わら》ふ事が、強情な国粋家の心魂に徹する効果をあげる事を知つてゐた。さうして皮肉らしい笑ひで、私を見た。さういふ茶目吉さんだつた。[*13]

折口は、「国粋家」であった。日本の民間伝承は、何でも日本固有のものだと考えるくせがある。そのことを、自分じしんでみとめていた。ネフスキーも、そんな折口の傾向を知っていて、からかったというのである。

百合若伝説も、折口は日本の民俗と関連させて、論じていた。そのことで、坪内以来の舶来説に、冷淡な態度をしめしている。日本固有論が好きな「国粋家」ぶりを、発揮していたのである。

さて、高野辰之も、もともとは百合若伝説の日本起源説を、のべていた。一九〇七(明治四十)年に、壱岐や北九州が発生地だとする見解を、しめしている。その意味では、折口の議論にも、高野説へつうじるところがあったと言えるだろう。

高野の旧説が、同時代から孤立していたことは、さきにものべた。舶来種の発見を歓迎する風潮のあった時流からは、まったくうきあがっていたのである。

だが、一九二〇年代には、日本文化論的な見方も、いきおいをつけてくる。そのせいだろう。折口風の「国粋」的な解釈は、同時代から、好意的にむかえられだした。高野の旧説とは反対に、時流へのって、ひろく普及しはじめる。逆に、かつて隆盛をほこった『百合若大臣』の外来説は、少数派へ転落するのである。

かつて、中山太郎という民俗学者がいた。『売笑三千年史』、『日本巫女史』、『日本盲人史』などの著作で知られている。文献に強い、民俗学者としては例外的な書斎派の研究者であった。現代的な歴史民俗学の、さきがけをなした研究者だとも、評せよう。前に、卓抜な天守閣論の著者として紹介したことを、おぼえておられようか。

その中山が、「百合若伝説異考」という論文を、一九三二（昭和七）年に書いていた。そこに、折口信夫の百合若解釈をめぐる、たいへんおもしろい逸話が、紹介されている。

折口は、一九二九（昭和四）年から、「壱岐民間伝承採訪記」を、書きだしていた。だが、その五年前にも、壱岐の話を口頭で発表したことは、あったらしい。その報告に接した時の様子を、中山はこう回想する。

大正十三年六月の頃と記憶してゐるが、折口信夫氏が、壱岐の民譚や土俗を採集せられて帰京し、その報告講演を慶応義塾の「地人会」で聴聞することが出来た……席上には柳田国男先生、金田一京助氏、小沢愛圀氏の外に十数名の学生が居た。[*14]

折口が発表し、柳田らがそれを聞く。そんな研究会が、一九二四（大正十三）年にあったという。そのなかで、折口はつぎのような報告も、おこなっていた。

折口氏の話に、壱岐のイチジヨオと称する巫女は、神降しの祭文としてユリワカ説経……を語るのを常とし、然もそれを語る折には、ユリと称する曲物（飯櫃の蓋のやうなものと聴いてゐる）に弓をくくし付け、弦を二本の細い棒でたたきながら、語ると云う一節があつた。[*15]

折口はここでも、イチジョーが口にする『百合若説経』の話を、しゃべっていた。のみならず、彼らがユリとよばれる器具をつかうことも、つたえている。そのユリにまつわる話を聞いた中山は、研究会の席上でつぎのように反応した。

私は此の話を補ふほどの考へで、我国の百合若伝説の名は、此のユリから起り……と言うたところ、柳田先生は、即座に「それは近頃の発見だ」と言はれたことがある。[*16]

百合若大臣のユリは、巫女たちのつかう祭具であるユリに、つうじまいか。とつぜん、そんなことを思いつき、発言したという。すると、柳田國男も、それこそ膝をうつようないきおいで、賛成したらしい。

柳田が、中山太郎の仕事をあまり評価していなかったことは、よく知られる。フィールド・ワークを重視した柳田は、中山の書斎派然とした研究になじめなかった。しかし、それでも、この研究会で中山がしめした着想には、賛辞をおしまない。出色の「発見」として、高く評価をしたというのである。

坪内逍遙は、百合若のユリを、ユリシーズのユリに付会させていた。『ユリシーズ』の翻案だから、『百合若《ゆり》大臣』になったというのである。中山の思いつきが、この坪内説と対立しあうことは、いうまでもない。おそらく、柳田もそのことをじゅうぶん意識しつつ、賛成したのだろう。それは、坪内説に以前から違和感をもっていた柳田の、反射的な態度だったのだと思う。

それにしても、おてがるなやりとりではあった。巫女たちのつかう祭具が、ユリとよばれている。だから、ゆりわか＝百合若になった……。根拠はなにもない。語呂あわせのような発想である。そのアバウトさは、ユリシーズのユリが百合若になったとする坪内説と、かわらない。

こんな議論に、柳田がよろこんでいたという。なんとも、かるはずみな姿勢である。坪内説をゆさぶれるネタが、見つかった。そのことがよほどうれしくて、とっさに感心してしまったのだと言うしかない。

柳田たちの『民俗学辞典』（一九五一年）が、坪内説を否定したことは、すでにのべた。そこには、はっきりこう書いてある。「ユリシス物語の輸入であるという坪内逍遙の説は誤りである」と。だが、同時にこんな文章も、そえられていた。


ユリという言葉について、壱岐のイチジョウと称する巫女がユリという曲物を前にしてユリワカ説経を語ることと関係があるかという説もあるが、まだ疑問である。[*17]

まあ、妥当な判断だと言える。百合若のユリが、巫女のユリへつうじるという保証は、どこにもない。もちろん、その可能性が、まったくないとは言いきれないだろう。しかし、学術的には、「疑問である」と言うしかない。

なにしろ、坪内説などは、「誤りである」と明白に断定されていたのである。それとくらべれば、まだしも、好意的にあつかわれていると言えるだろう。

冷静に検討すれば、「疑問である」という評価が、おのずとうかんでくる。そんな見解に、一九二四（大正十三）年の研究会では、快哉をさけんでいた。やはり、どうかしていたんじゃあないかと、そう思う。

おそらく、こういうことだろう。

一九二〇年代には、日本文化論的な興味が、強まりだしていた。だが、まだまだ坪内説は広汎な支持を、とりつけている。なかなか、その牙城はくずせない。

そんな時期だからこそ、あぶなっかしい思いつきでも、歓迎された。坪内説にジャブをはなてる、その新鮮さが買われたのではなかろうか。

だが、坪内説もすっかり下火になってしまえば、事情はちがってくる。巫女のユリなどという珍奇な議論をもちだす必要は、どこにもない。そんなことをするまでもなく、百合若伝説の日本自生説は、承認されている。わざわざもちだせば、かえって、国産説のねうちもさがりかねないのである。

戦後の『民俗学辞典』は、巫女のユリという語源説をネガティブにあつかった。その裏面には、いまのべたような機微もあったと思うのだが、どうだろう。逆に言えば、戦後はすっかり国産説の時代に、うつっていたということか。

さきに、折口が「国粋家」であったことを、紹介した。折口は、民間伝承のすべてを、日本固有のものとして、とらえたがっていたのである。そして、どうやらその気分は、柳田にも共有されていたらしい。

柳田は、一九二〇年代のはじめごろから、百合若伝説に日本的な性格を、読みとっていた。日本文化論の方向へは、わりあい早い時期に傾斜していた学者だと言える。

折口―中山の、坪内説に抵抗しうる指摘を耳にした時は、やはりうれしかったのだろう。柳田もまた、折口同様、民間伝承の日本固有論を、エスカレートさせだしていたのである。

その後柳田は、『民間伝承論』(一九三四年)で、いわゆる一国民俗学を主張した。『郷土生活の研究法』では、自分の学問を「新国学」だとさえ、言いだしている。そのきざしは、一九二〇年代からあったということか。

転機をむかえた百合若論

百合若伝説は、たとえ外来であっても、日本的な性格をそなえている。いや、じつは、日本で生まれた国産の物語かもしれない。

一九二、三〇年代になると、そんな見方が浮上しはじめる。とりわけ、民俗学と国文学の分野で、そういう声が高まりだす。百合若伝説の解釈は、より国粋的な方向へと、うごいていく。舶来であることをありがたがる気分は、しだいに弱まっていったのである。

とはいえ、この時期になっても、舶来説は、まだまだ残存しつづけた。早くから国粋論へ傾斜した民俗学の分野でも、けっこう生きのびている。たとえば、藤沢衛彦《もりひこ》はこう書いた。一九三一(昭和六)年の指摘である。

此伝説の胚胎は、全くホーマーのオデイセイ（Odyssey）の東漸であらうと思はるるものである。わが百合若大臣が、オデツセイ物語のユリセス移入の伝説であることは、疑ひないものであるがやうに考へられる。[*18]

藤沢は、日本伝説学会をひきいる研究者であった。折口信夫より二歳年長だが、ほぼ同世代にあたる。そして、折口は、百合若伝説の国産説を、先駆的にとなえていた。だが、同じころにも、あいかわらず伝播説をとなえるものは、いたのである。しかも、民俗学の領域に。

もうひとり、市場直治郎のことも紹介しておこう。大分在住の民俗学者だが、一九三二（昭和七）年に、やはり百合若論を書いている。そして、そのなかで幸若舞の『百合若大臣』を、つぎのように論じていた。

舞の本の百合若に就いては、坪内博士のいはれた如く希臘《ギリシア》神話のユリシス物語に基づいたものといふことは、大体に於いて承認されなければなるまい。殊にその明かに翻案と見られるのは、百合若の本国豊後帰来、逆臣伏誅といふ、この物語の終の部分である。この部分のみに於いては、百合若伝説の国内発生説を唱へる人と雖も承認しなければならぬ程、両者の吻合がある。[*19]

あきらかに、翻案であるという。一九三〇年代になっても、そんな民俗学者はいたのである。

国内発生説論者でも、ギリシア神話との強い類似性は否定できまいと、文中にある。この「国内発生説を唱へる人」は、おそらく折口信夫のことだろう。じっさい、翻案説を否定した折口も、両者がよく似ていることは、みとめていた。「此説は誤りだと、言ひ切れない程、細部迄似て居るのであります」と。

さて、百合若伝説には、幸若舞以外のヴァリエーションもある。たとえば、九州各地にひろがっている百合若の民話などが、あげられよう。大分にすむ市場は、もちろんそれらの諸伝承へも、チェックをおこたらない。そのうえで、こんなコメントをのこしている。

> 壱岐、筑前、豊後、肥後等には詳しい伝承がある様だ。然し私達がこれを採集するに当つては一寸《ちよつと》した障害にぶつつかる。それは例の文学化された舞の本などの影響である……然し大略は似て居るが、所々それとは異つた話をもつてゐる。今九州方面に伝へられるこの物語を調べて見るに、その中に舞の本になくして、ユリシス物

語にある様な話がある。これは非常に面白いことだと思ふ。[20]

九州にのこる百合若伝承で、幸若舞の感化がなさそうな部分をひろいだす。より純粋な民間説話だと判断できる部分へ、目をむける。すると、そこにも、ギリシア神話へつうじる要素は見つかるというのである。

たとえば、豊後や壱岐につたわる伝説は、つぎのような話をふくんでいる。海からもどった百合若は、髪がぼうぼうにのびており、誰も当人だと見ぬけなかった。だが、かつての愛馬だけは、すぐ以前の主人だとわかり、百合若になついていく。そんな、動物と百合若の交情をしめすエピソードが、一部の説話にのこっている。

このくだりは、幸若舞の『百合若大臣』に見られない。九州にのこる一部の伝説だけが、つたえている。これらの民譚は、『百合若大臣』という文芸の影響をうけなかったとみなしうる。民俗学者が重視する、比較的純度の高い民間伝承だとも、評せよう。

だが、そんな部分にも、ユリシーズ伝説とつうじあうところは、あった。ユリシーズも、故国へは、長年の流浪により、かわりはてた姿でもどっている。だが、かつての愛犬・アーガスは、たちどころに旧主だと見ぬくのである。市場は、九州につたわる愛馬の話も、その翻案だと考えた。

豊後や壱岐の民譚にも、ユリシーズ伝説と通底しあうところがある。そう判断した市場は、以下のように書ききった。

舞の本のみならず、此の伝説に於いては、少くとも或る部分に於ては、希臘《ギリシア》神話の輸入といふことはどうも認めねばならなくなり、従つて以上私の述べた所は、坪内博士の輸入説に対する一の裏書の様になつてしまつた訳である。[*21]

折口信夫は、巫女らがおりなす民俗世界に、外国の影響などありえないと考えていた。市場は、その民俗に、ヨーロッパと呼応する要素を、読みとっていたのである。一九三〇年代の民俗学も、国内発生説でかたまっていなかったことが、よくわかる。しかし、市場は坪内逍遙以来の伝播説を支持しつつ、同時にこうものべていた。

百合若伝説が大体に於て外国種としても、それが斯く国土に根をおろして、恰かも国土に発生し、成長したものと同様に融合してしまつたのは、何かそこにこれを斯く受け入るべき基、接木が繁茂成長する為に必要な元木があつたではなからうか。[*22]

日本には、ユリシーズ伝説を受容しはぐくむ、「元木」ともいうべき伝説があった。

それが、外来のユリシーズ伝説と「接木」され、百合若伝説を形成する。市場直治郎は、ここにそんな可能性を、となえだしたのである。

一九二〇年代から、日本文化論的な関心が浮上したことは、すでにのべた。百合若伝説の日本的な側面を、強調する。あるいは、それを日本固有の物語だと、考える。以上のような気運が、学界でもりあがりだしていたのである。

一九三二（昭和七）年の市場は、百合若伝説が外来であることを強調した。その点では、折口信夫などより、古いスタンスをしめしていたと、評しうる。だが、その一方で、ユリシーズ伝説受容の日本的な事情へ、目をむけようともしていた。このことに関するかぎり、一九〇六（明治三十九）年の坪内逍遙より、よほど新しい。

舶来志向と国粋癖の、ちょうど中間あたりに位置していたということか。そういえば、一九二七（昭和二）年以後の島津久基《ひさもと》も、同じようなところにいた。彼もまた、外来説を肯定しつつ、その日本的な特徴を力説していたのである。

藤沢衛彦のように、あいかわらず、外来であることだけを強調した者もいた。そして、折口のように、外来の要素を排除して考える「国粋家」も、登場しだしている。そのあたりが、一九三〇（昭和五）年前後の情勢であった。だとすれば、島津や市場らは、時流の平均的なところにいたということかもしれない。

日本には、ユリシーズ伝説をうけいれやすい素地があった。「元木」なるものがあったと、市場は言う。では、いったいどのような伝説が、日本側にあらかじめ存在したというのだろう。

市場は、その一例に、源為朝《ためとも》伝説をあげている。為朝は強弓の逸話をもつ英雄であり、その点で弓の名手・ユリシーズとつうじあう。さらに、九州では島めぐりの伝説もあり、ユリシーズの海洋冒険譚を、思わせる。この為朝伝説が、舶来したユリシーズ伝説を、うけとめた。そして、百合若伝説をうみだすバックグラウンドになったというのである。

さらに、市場は、大分の万寿姫入水譚や大分君稚臣《おおいたのきみわかおみ》の物語を、例示した。そして、つぎのような想像を、めぐらせていくのである。

かくて輸入種のユリシス物語が、当時此の地方に伝へられてゐたであらう所の為朝の豪勇譚や――又臆説が許されるならば、大分君稚臣の逸話等とも――融合し、或は接合され、更に万寿寺縁起の万寿姫投身伝説等とも結合して、今見るが如き伝説――殊に舞の本系統の伝説となつて行つたのではなからうか。[*23]

もっとも、この臆測に、それほど自信をもっていたわけではない。じっさい、市場はこの論文で、中山太郎の助言をもとめている。冒頭と末尾で、二度にわたって、中山の発言をうながした。「此に是非教を乞ひたいのは中山先生の御説である」と。[24]

ここで、中山太郎の名前がでてくるのには、わけがある。中山は、前年の一九三一（昭和六）年に、やや思わせぶりな文章を書いていた。「郷土伝説と民俗学」という論文が、それである。そのなかで、中山は百合若伝説に、こんなコメントをそえていた。

坪内逍遙氏の研究によると……外国からの舶載と云ふことになるのであるが、これには猶研究すべき余地が多く残つてゐるのである。私はこれに関する資料を相当に集めてゐるが、ここには掲載することを差控へる。それは長文の百合若考となるからである。[25]

まことに、気をもたせる書きっぷりである。文献の博捜で知られる中山が、データはたくさんあつめたと見得をきる。そして、そのうえで、だが言及はひかえるというのである。市場ならずとも、もったいぶらずに教えてくれという気持ちは、わくだろう。

市場の要請におうじて中山は、「百合若伝説異考」を、発表した。一九三二（昭和七）年五月のことである。

中山は、この論説を、市場への応答からはじめている。「教を乞ひたいのは中山先生の御説」という市場の懇願に、よほど閉口したせいだろう。「今後は斷うした記述は、絶対に慎まれるようお願ひする」と、注文をつけていた。[*26]

なお、中山は論文中の、緑丸伝説を論じるくだりで、こうのべている。この点については、「少壮篤学なる市場氏の博捜に俟《ま》ち再び高教に接したい」と。[*27] 市場にもちあげられた中山が、こんどはその市場へ慇懃をつくしている。

おたがいに、敬意をいだいていたからではあろう。だが、中山にしてみれば、市場へ意趣がえしをしたという思いも、あったのではないか。とにかく、中山は「中山先生の御説」という市場のおだてに、なじめなかったのである。

興味ぶかいのは、中山が先生あつかいされるのをいやがった理由である。自分には、市場から先学としてうやまわれるすじあいがない。そのことを、中山は市場に、つぎのような言葉でさとしていた。

吾が民俗学界に於いては一人の柳田国男先生以外には、先輩と称すべき者は断じて無いと考へてゐる。勿論、南方熊楠氏は別格であるが、その他に先輩も後輩もある訳のものでは無い。[*28]

柳田國男を頂点とする民俗学界の雰囲気が、しのばれる。じつにおもしろい指摘である。そこからは、君臨する柳田を前に、小心翼々としている中山の姿を読みとればいいのか。それとも、柳田の威風を暗に皮肉る諷刺めいたニュアンスが、うかがえるのか。柳田からはうとんじられていた中山の言辞だけに、すこし考えこみたくなってくる。

中山はこの論文で、一九二四（大正十三）年にひらかれた地人会の様子を、つたえている。折口信夫が、柳田や中山らの前で、壱岐の民俗を報告した。その会合でのやりとりが、紹介されている。

この研究会で、折口は壱岐の巫女たちがユリという名の祭具をつかうと、発表した。そのユリが、百合若という音につながったかもしれないと、中山は意見をのべている。すると、柳田も即座に賛成した。前ものべたそんなやりとりは、中山のこの論文にしるされているのである。

柳田の賛意をとりつけたと、わざわざ書く。その同じ論文で、民俗学の先達は、柳田以外にありえないと、明言する。かんぐれば、自分の着想へ箔がつくように、柳田の権威を誇張したとも読める。もちろん、中山が、ひたすら柳田の御機嫌を、うかがっていたせいかもしれない。

中山の心中には、おしはかりがたいところがある。このあたりの機微については、民俗学史の研究がすすむのを、まちたいと思う。

いずれにせよ、柳田國男の名が、一種のオールマイティになっていたのは、たしかである。柳田も賛成したんだぞと言えば、それだけでオーソライズされてしまう。そんな威光が柳田にあったことは、うたがえない。

話題が、民俗学者たちの、いささか矮小とも思える人間関係のほうへ、それた。本題の百合若伝説に、話をもどそう。市場から発言をうながされた中山は、自分の百合若論を、こんな言葉で語りだしていた。

> 私には、此の百合若伝説に関しては、市場氏が買ひ被つて居られるやうに、別段、取り立てて記すほどの研究がある訳では無く……実は先哲同学——殊に折口信夫氏の余喘《よぜん》を嘗めるにしか過ぎぬのである。更に極言すれば、百合若伝説なるものは、折口氏の研究によつて、尽きてゐるものと考へてゐた……私も一度は恥を曝さうと考へてゐた所ゆゑ、折口氏の言ひ残した点を、補ふ程度で記すとした。*29

百合若伝説については、折口の研究で、言いつくされている。自分がつけくわえることは、ほんのすこししかない。中山は、そう謙遜することから、百合若論をはじめている。

折口信夫という権威の軍門に下ったとみなすのは、あたらない。中山が、若い友人の折口に、柳田ほどの威圧を感じていたとは、思えないからである。中山の折口にたいする敬意は、学術上の卒直なそれであったと考えたい。

折口は、壱岐の巫女たちが語る『百合若説経』のことを、斯界へ報告していた。百合若伝説は、彼女らの民俗世界ではぐくまれたと、考えていたようである。

中山は、折口の紹介した『百合若説経』に先行する説経があったと、仮定する。そして、それをユリ説経と、とりあえず命名した。壱岐の巫女たちも、もともとはこちらのほうを、となえていたというのである。

そして、ユリ説経は、いくつかの民譚ともつながりをもっていた。たとえば、『羽持中将』の物語であり、万寿姫の伝説などである。中山は、これら在来の伝承とユリ説経のつながりを、つぎのように論じている。

古く九州の地には、ここに挙げたやうな万寿の前、又は羽持中将を巫女がユリに弓を結びつけ、その弦をたたきながら謡つてゐたので、これをユリ説経と云うてゐたのであるまいか。[*30]

巫女たちは、『羽持中将』の伝承などを、うたいあげていた。ユリという祭具をつかいながら吟じていたので、それがユリ説経とよばれだす。中山は、『百合若説経』にいたるまでの前史を、以上のように想定する。

ユリという祭具への着眼は、柳田國男からほめられていた。中山は、それをこんなかたちで、活用したのである。

つづいて、ユリシーズ伝説に関する言及を、紹介しておこう。中山は、彼のいうユリ説経とこの舶来伝説との関係を、以下のようにのべていた。

私の信じてゐる所を極めて手短に言へば、我国――殊に九州、中国、四国の一部にあつては、欧州からユリセス物語の輸入せらる以前に、既に巫女の間にユリ説経……とも称すべきものが、存在したのでは無いかと考へる者である。[*31]

ユリ説経は、ユリシーズ伝説が日本にとどく前から存在したという。この指摘は、なかなかおもしろい。中山も、ユリシーズ伝説の日本伝来説そのものは肯定していたことが、読みとれる。

中山は、折口説が参考になったという。しかし、折口は、坪内以来の舶来説をきらっていた。この点に関するかぎり、両者のあいだにも、見解のちがいはあったのである。なお、中山は、折口が報告していた『百合若説経』に、こんなコメントをよせている。

誰でも此の報告を読んで気付くことは、此の説経が六段物の形式であつて、然も上半分——即ち宝比べ、申し子、鞍馬及び島流しの段までが、我国固有の物語であつて、それ以後の下半分——即ち鬼攻めから緑丸の出る末の段までが、輸入のユリセス物語の付会されたものだと云う点である。[*32]

『百合若説経』も、その後半部には、ユリシーズ伝説の感化があるという。ルーツのユリ説経じたいは、日本の国内で成立した。そこへ外来のユリシーズ伝説が追加され、『百合若説経』になったというのである。

中山のこういう論法を読むと、市場直治郎の「接木」説がうかんでくる。市場もまた、国内の諸伝承に、外来のユリシーズ伝説が融合するという筋道を、考えていた。源為朝や万寿姫の物語などに、ユリシーズの話がくっついたという論法である。

中山も、これと同じような議論を、くみたてている。万寿姫の物語や『羽持中将』が、原百合若伝説ともいうべきユリ説経を、形成した。そして、そこへ船来のユリシーズ伝説が付会され、百合若伝説ができあがるという。そんな解釈を、しめしていた。

日本とヨーロッパのあいだに、物語の異文化交配があったのではないか。市場も中山も、ともにそんなハイブリッド仮説を、もちだしていたのである。

百合若伝説の母胎となるべき物語は、以前から日本にあったという。この点では、国内発生説と近いところにいる。だが、外来伝説の関与を肯定するという点で、旧来の坪内説も堅持した。一九三〇年代初頭の中山もまた、舶来説と日本自生説の過渡期にいたということか。なお、中山は百合若伝説の発生に関する自分の結論を、こんな言葉でまとめている。

要するに、百合若伝説の本質は、初めは巫女の謡ひものであつた本地物に出発し、更に一種の唱導文学として衆人に口誦されてゐるうちに……種々なる異分子が付会されて、頗る語り歪められて妙なものになつてゐたところへ、偶々《たまたま》新輸入のユリセスの物語と結び付けられたものであると云うのが、私見の結論なのである。[*33]

ルーツは「本地物」、つまり国産であるという。巫女の朗詠に端を発し、その後は、仏教の説法へもとりいれられて、ひろがった。そして、ユリシーズ伝説は、その拡散過程の中にまぎれこんだというのである。

たしかに、基本的な見取図は、折口信夫のそれを踏襲している。巫女の吟唱や、唱導文芸としての普及へ目をむけるあたりは、折口の考え方につうじあう。ユリ説経の存在を仮定する点は、折口にない中山の新案だといえるだろう。しかし、大筋の構想が、折口によっていることは、まちがいない。

中山じしん、自分の解釈を「折口信夫氏の余喘を嘗めるにしか過ぎぬ」と、言っていた。「折口氏の言ひ残した点を、補ふ程度」の立論だとも、書いている。若干の謙遜はあろうが、ほぼ額面どおりにうけとっていい言葉だと思う。

だが、折口は、ユリシーズ伝説のかかわりを、ついに肯定しなかった。それをみとめた中山とは、見解がちがうと、さきに書いたことをおぼえておられようか。

しかし、中山の肯定論が、それほど積極的なものだったとは、言いがたい。日本で成立した「本地物」が、しだいにくずれていく。そこへ、舶来の伝説が混入したというていどの関与説でしか、なかったのである。ユリシーズ伝説のかかわりは、一種の付録として認識されているにとどまる。

「本地物」説と舶来説が同居するという点で、中山の解釈は過渡的な様相を呈している。その点では、市場直治郎や島津久基の見方と、ならべうる。しかし、移行期に出現したそれら諸説のうちでは、国産説へ傾斜する度合いが強い。同じ過渡期の説でも、いろいろなタイプのものがあったということか。

民俗と、文献と

『言継卿記《ときつぐきょうき》』という文献がある。戦国時代末期の貴族・山科言継がしるした日記である。一五二七（大永七）年から一五七六（天正四）年までの記録が、書きこまれている。戦国武将との交渉もあり、戦国史の重要史料にあげられることが多い。安土城の造営にまつわる記述もある。

じつは、この『言継卿記』に、百合若のことがのっている。一五五一（天文二十）年一月五日のところに、こんな文章が書いてある。「今日、北畠之千秋万歳参、曲舞和国酒盛、次こし越、次ゆり若等也」。千秋万歳の芸人たちが、曲舞《くせまい》の「ゆり若」を演じに、宮中へきたというのである。

なお、千秋万歳は、三河万歳の源流にあたる。中世芸能のひとつにほかならない。正月の祝言に、歌い舞っていたことなどが、知られている。

中山太郎は、「百合若伝説異考」のなかで、この記載事項を特筆する。そして、その史学的な意味あいを、つぎのように説明した。

天文二十年に、はやくも京都で演ぜられるまでに、百合若の舞が普及されたとは、もし百合若伝説が輸入だとすれば、余りに迅速に過ぎはせぬか……日欧交通の起原を天文十二年八月とすると、此の折にユリセスの話が、我国に伝へられたとしても、同二十年までは七年しか経過してゐぬ……此の間に九州の一角に輸入されたものが舞曲とまでなつて然も京都へ持参されるとは、少しく速きに過るやうに思はれる。[*34]

たいへん、するどい指摘である。じっさい、ポルトガル船が種子島へ漂着したのは、一五四三（天文十二）年であった。そして、「ゆり若」は、一五五一（天文二十）年の正月に、京都で上演されている。南蛮人が日本へきた、そのわずか七年半後に、それはできあがっていたのである。

かりに、百合若の物語を、南蛮渡来の舶来種だと仮定してみよう。その場合は、この物語の伝来も、一五四三（天文十二）年以後のことになる。つまり、七年半のあいだに翻案は完了したと考える必要が、おきてくる。

この短い期間内に、外来の物語が受容され、新たな作品が熟成されたとは、思いにくい。あまりに、早すぎる。百合若伝説は日本でできた「本地物」であり、ユリシーズ伝説がその上に付加された。中山は、そんな仮説をくみたてている。それは、ユリシーズ翻案説だと、想定しうる翻案期間が短くなりすぎるせいでもあった。

ベースとなる伝説は、あらかじめ日本にできていた。新来のユリシーズ伝説は、その上へのっかるかたちで、ひろがっていく。だから、「案外、はやく流布するに至つた。

ところで、中山は『言継卿記』の記録を、つぎのような言辞とともに、紹介していた。

百合若舞の正確の記録に見えたのは、誰でも知つてゐるやうに山科言継卿日記（国書刊行会本）第十六、天文二十年正月五日の条に……云々とあるのが初めのやうである。*36

この「誰でも知つてゐるやうに」という文句が、ひっかかる。『言継卿記』の百合若に関する記述を、そう誰でもが知っていたとは思えないからである。すくなくとも、中山以前に百合若を論じた者が、この記録へ言及したことはない。中山が、はじめてこれを特筆したのである。

にもかかわらず、中山は書く。「誰でも知つてゐるやうに」と。どうして、そんなふうに書くのだろう。あまり知られていないことを、周知の知見として語りたがる。そんな博識家特有のてらいが、中山にもあったのだろうか。

『言継卿記』は、一九一四（大正三）年から翌年にかけて、活字で刊行されていた。国書刊行会が、全四巻にわけて出版していたのである。誰もが読めるようになったそういう文献を、ことごとしくひけらかすのははずかしい。古典籍へはなじんでいた学者だけに、そう思っていた可能性もある。

ここで、折口信夫のしめした百合若理解を、ふりかえってみよう。折口もまた、中山と同じような百合若解釈を、書いていた。百合若伝説の成立期と、ユリシーズ伝説が流入したという時期は、いくらもちがわない。「余りにも近過ぎますので、此点が問題となるのであります」。そうのべて、暗に外来説を否定した。中山論文の発表される、その二年前に、似たような展望をしめしていたのである。

折口は、直接『言継卿記』に、ふれていない。だが、あたかもそれを知っていたかのような理屈で、話をすすめている。ひょっとしたら、気づいていたが、あえて書かなかったのかもしれない。中山は、その二年後に、ほぼ同じことを、『言継卿記』へ依拠しつつのべていたのである。

藤沢衛彦が、ユリシーズの翻案説をみとめていたことは、さきにのべた。一九三〇年代初頭の民俗学者としては、例外的に坪内説へ共感をよせていたのである。その藤沢が、ユリシーズ伝説の流入時期について、こんな臆測をのべている。「遅くも足利時代の初期に九州に移入したと思はれるユリセスの伝説が……」と[*37]。中山論文の前年に発表された指摘ではあった。

足利初期、つまり十四世紀までには、この伝説が日本へつたわっていたという。いったい、何を根拠にこういう議論ができるのか。それに、どうしてこんな話をくみたてる必要が、あったのだろう。翻案説でいくのなら、通説どおり、南蛮経由論でもかまわなかったのではないか。

ひょっとしたら、『言継卿記』のことを、藤沢も知っていたのかもしれない。南蛮経由論だと、翻案に要する時期が、七年しかないことになってしまう。これでは、翻案説が成りたちにくい。そんな情勢判断から、足利初期流入説を、強引にもちだしてきたとも、思えてくる。

確証は、何もない。だが、民俗学者たちは、この点についての知見を、共有していた可能性がある。あんがい、例の地人会あたりで、語りあっていたような気もする。中山が書きとめたのも、そんな民俗学者には周知の情報だったのかもしれない。「誰でも知つてゐる」と中山がわざわざしるしたのは、そのせいだと言えないか。

ここに、ひとつの推論を提示しておこう。

誰の発見かはわからぬが、民俗学者たちは、『言継卿記』の記述に、気づいていた。「ゆり若」が、早くも南蛮人漂着の七年後に上演されていたことを、知っていた。ユリシーズ伝説が、たとえ輸入されていたとしても、翻案に要する期間はごくわずか。最大限に見つもっても、七年半しかない。だから、翻案説はなりたちにくいだろうと、思っていた。

だが、折口は、『言継卿記』を明示して、そう論じない。巫女たちの民俗世界を中心にすえて、持論を展開することはある。しかし、山科言継の日記を、証拠としてもちだしたりはしない。

そこに、民俗学徒としてのプライドがあったとは、言えまいか。『言継卿記』のような歴史記録から議論をすすめることは、いさぎよしとしない。歴史家風の文献考証へくみすれば、歴史学の軍門に下ってしまう。民俗学は、民俗の取材をとおして、話がくみたてられたことにしておかねばならない。こんな配慮から、『言継卿記』への言及が、ひかえられたのではないか。

だが、中山太郎の場合はちがう。中山は、まことに例外的な、書斎派風をかくさない民俗学者であった。『言継卿記』を、自説の結論部分でもちだしたのは、そのせいでもあろう。そして、こういう考証学者風が、柳田國男などからは、きらわれていたのだと思う。

くりかえすが、中山は市場直治郎にすすめられて、この論文を書いていた。そして、中山は、もう折口の報告でケリがついているのにと言いながら、書きだしている。そこに、こんな言辞もあるので、紹介しておこう。

百合若伝説なるものは、折口氏の研究によつて、尽きてゐるものと考へてゐた。

偶々《たまたま》此の事を市場氏が気付かぬか、或は気付てゐても、態《わざ》と筆端を私に向けて、何か書かせてやれ位のことかも知れぬ。若《も》し後者だとすれば、市場氏は中々味なことをなさるお方と思ふが……。*38

ひょっとしたら、『言継卿記』の「ゆり若」を見つけたのは、折口だったのかもしれない。この日記は、芸能に関する記事も、たくさんのせている。芸能史の研究者には、重宝がられている記録である。芸能の歴史にくわしい折口が、これを読みこんでいた可能性は、低くない。だが、折口は自分の発見を文字にせず、民俗論として百合若伝説の解釈をすすめていく。

そこで、市場は文献派の中山に、歴史考証もふまえて書けと、暗示する。それにしぶしぶこたえて、中山が『言継卿記』のことを、もちだした。自分の役目は、折口の書かなかった文献考証面にあるとも、どこかで思いつつ。「誰もが知つてゐる」という言辞の背後には、そんな事情もあったのだと空想したくなる。

もちろん、中山が発見者だったという可能性もある。それを中山が民俗学の仲間にしゃべったので「誰もが知」りだしたのかもしれない。

いずれにせよ、折口は、歴史家風の考証をてびかえた。そして、巫女の民俗がはぐくんだというストーリーを、しめしている。最終的な自信は、文献からえていたくせに。そこに、文献ではなく民俗を重視する民俗学のイデオロギーが、うかがえる……。こう書けば、これもまた邪推がすぎるということになるのだろうか。

国文学の鎖国主義

折口信夫の弟子をもって任じる国文学者に、筑土《つくど》鈴寛《れいかん》というひとがいる。中世の芸能史や、口承文芸の研究で、業績をあげた学者である。国文学に、民俗学的な関心を、いちはやくもちこんだ研究者としても、知られている。

折口とであったのは、一九二一（大正十）年に國學院大學へ入学してからであった。その授業に接して、たちまち魅了されたらしい。以後、筑土は折口の感化をいかしながら、自分の仕事をすすめるようになっていく。

若いころから、それなりの才覚をしめしていたせいだろう。筑土は、國學院を卒業すると同時に、東京帝大文学部の副手へ任命された。当時の東大で、国文学をひきいた藤村作は、他大学の卒業生にも門戸をひらいている。筑土の抜擢も、その一例であったろう。

東大へ、そうしてつとめた最後の年に、筑土はおもしろい論文を書いている。一九二九（昭和四）年に発表された「諏訪本地・甲賀三郎」という文章が、それである。この論考で、筑土は、甲賀三郎の伝説が形成されていく過程を、おいかけた。

その文中、甲賀三郎伝説は百合若伝説によく似ていると、指摘するところがある。こういう言及じたいが、筑土以前になかったわけではない。だが、つぎのような書きっぷりには、やはり新しい時代の到来を、感じてしまう。

百合若大臣には何か本拠があったのであろう……ひょっとすると甲賀三郎伝説に近く歩寄るものかも知れないという感がせぬでもない。百合若がユリシーズであり……という異国情感からのさそいに或は打ち勝てるかも知れない……積極的な論はいま出されないが、とにかく私はやや鎖国主義者である。*39

百合若＝ユリシーズ起源説を、「異国情感からのさそい」で、かたづけている。旧来の定説を、そうやって相対化できる位置に、この若い学究は立っていた。「国粋家」の折口に、この点でも、影響をうけていたのかもしれない。あるいは、学生時代にその仕事をてつだった高野辰之の感化も、考えうる。いずれにせよ、時代もあきらかに、「鎖国主義」の方向をむきだしていたのである。

島津久基《ひさもと》は、そのころ、百合若＝ユリシーズ説を、肯定していた。つまり、筑土は、東大国文学科の上司である島津へ、異をとなえたことになる。「私はやや鎖国主義者である」という言辞に、若い世代の客気を読むべきか。あるいは、「やや」という表現に、若干の気おくれを、みとめたほうがいいのか。判断は保留する。

筑土鈴寛は、折口信夫を敬愛していた。こんどは逆に、折口を軽んじていた学者のことを、紹介しておこう。

長崎在住の民俗学者・山口麻太郎は、壱岐の民俗に関する研究で知られている。一九三四（昭和九）年には、『壱岐島民俗誌』という著述を、あらわした。そのなかに、「百合若説経に就いて」という論文がある。山口は、そこで、たとえばつぎのように、折口への反感をあらわした。

百合若説経……の成立に就いては「田村」の影響が多分にある事を折口博士は云はれた。「烏帽子折」其の他舞の本の影響もある様であり、軍記物の影響もあるかに思ふが、それ等は一般の研究者に待ちたいところである。私は只田舎の小学究として、郷土的な特殊事項を明確に詳細に記述して、誤らない資料を提供し得れば足ると思つて居る。[*40]

さらに、こんな論評もある。

壱岐に伝ふる百合若説経に就いては、既に折口信夫博士が注意せられ……少くとも二種あるべき事を記された。が其の後私の調査するところによれば、左記三種はたしかである。

輝日の前を豊前の宇佐八幡に祭るといふ折口博士の記述の如きは、私は不幸にして見出す事も、聞出す事もできなかつた。[*41]

東京の学者が、短期間だけ壱岐に滞在して、てきとうなレポートを書きあげる。九州の山口には、折口の「壱岐民間伝承採訪記」が、そんな仕事としてうつっていた。少々いいかげんなところのある報告として、いくらかは見下してもいたのである。

じっさいにも、そういう一面はあったのだろう。壱岐にくわしい山口から見れば、折口の壱岐報告は、ものたりなかったのだと思う。自分は、郷土のたしかなデータだけを、きちんと紹介しておきたい。そんな山口の口吻からは、「田舎の小学究」としてのプライドも、うかがえる。

しかし、そういう山口も、百合若＝ユリシーズ説にくみしてはいない。百合若伝説に関しては、日本国内での自生説をとっている。その点では、折口と同じ立場に立っていたのである。

たとえば、百合若説経の作者を、こんなふうに想定したところがある。「北九州の人間であり、壱岐の事情にも明るい人であつたらう」。「密教関係の人であつたらう」

と。[*42] 密教が、北九州の俗信を習合して普及する過程で、成立したという図式である。

　坪内逍遙以来のユリシーズ説には、まったく言及していない。ありていにいえば、黙殺しきったということだろう。とるにたらぬ議論として、目もくれなかったのだと考えたい。

　山口麻太郎は、『壱岐島民俗誌』の四十三年後にも、百合若論の文章を書いている。そして、そのなかで、百合若伝説の舶来論などを、こう批判した。


百合若物語がギリシャ神話や印度・中国などの物語に、詞章の類似を以て根元を求めることは、文学研究としてはすむことであるが、一面百合若大臣経の本質を見失うことになるであろう。[*43]

ギリシアをはじめとする諸外国からの外来説を、頭から否定している。そんな見方をすれば、百合若伝説の本質がわからなくなるというのである。とりつくしまもない、かなりあからさまな反発がしめされていると、言ってよい。

　四十三年前の一九三四（昭和九）年に、同じだけの反感があったかどうか。直接の言及がないので、正確な判定はむずかしい。だが、北九州での成立を論じる以上、坪内説などは、きらっていたはずである。やはり、四十三年前から、同じように、否定論をつらぬいていたのだと思う。

ヴィトルヴィウスとアルベルティ

前にものべたが、一九二〇年代の南蛮学は、新しい展開を見せていた。『ラテン文典』や『聖教精華』などの解読が、このころからすすんでいったのである。そのけっか、十六世紀末の日本に、古典古代の文章がとどいていたことも、判明した。ホメロスやヴェルギリウスらを、日本人が読んでいたことも、わかってきたのである。

だとすれば、ユリシーズの伝説も、このころにはいってきたのではないか。それが翻案されて、『百合若大臣』になったとする仮説も、蓋然性をもつ。百合若＝ユリシーズ起源説も、その点で前むきにうけとめたい。新村出は、一九二〇年代なかごろから、そう考えるようになりだした。このことも、以前に書いたとおりである。

さて、『ラテン文典』は、一五九四（文禄三）年に、天草でできたテクストであった。『聖教精華』は、一六一〇（慶長十五）年に、長崎で出版されている。どちらも、十六世紀末期以後の本である。日本へはじめて南蛮人がたどりついてから、半世紀をへたあとで、刊行されている。なお、種子島へポルトガル船が最初に漂着したのは、一五四三（天文十二）年であった。

いっぽう、「ゆり若」は、一五五一（天文二十）年の正月に、京都で上演されている。

『言継卿記《ときつぐ》』という記録に、そうしるされていることを、中山太郎らが見つけていた。つまり、「ゆり若」は、十六世紀中葉の時点で、すでにできあがっていたのである。すくなくとも、南蛮人漂着の七年半後には。

『ラテン文典』が編纂されたのは、「ゆり若」が上演された、その四十三年後にあたる。

『聖教精華』にいたっては、五十九年後のこととなる。こうした文献に、ホメロスの章句があったとしても、まったく意味はない。百合若＝ユリシーズ起源説を補強するデータとしては、つかえないのである。

「ゆり若」上演より古い時期に、ホメロスの伝来した痕跡が見つかった。これならば、ユリシーズ伝説の翻案という説にも、いきおいはつくだろう。だが、それより、四、五十年もあとだというのでは、話にならない。

新村出は、『聖教精華』などの検討をへて、ユリシーズ伝説の翻案説に回帰していた。しかし、十六世紀中葉の「ゆり若」上演記録が見つかった以上、新村の立場は苦しくなる。百合若＝ユリシーズ起源説は、重大な危機をむかえたと、そう言わざるをえない。一九三〇年代初頭の中山らは、それだけ画期的なデータを、ほりあてていたのである。

そのせいだろう。新村は、一九四一（昭和十六）年のある講演で、この説をあきらめたと報告した。「日本人南進史と南洋文学」を論じるスピーチで、こう語りだしたのである。

古く明治四十年ごろか、故坪内逍遙先生が……オディッセイの物語からこの『百合若物語』が出たのではないかといふやうな臆説を、『早稲田文学』に発表されたことがあります。私も多大の興味をもつて見たのでありますが、さういふことはありさうなことである……それで私も坪内先生に呼応して、そのことを明治四十二三年ごろに書いたこともあつたのであります。[*44]

昔は、坪内説に賛成したこともあったという回顧談から、この話題へはいっている。そのうえで、一九四一年現在の考え方を、つぎのようにのべきった。

しかしその後だんだん『百合若物語』の起源、沿革を検討して見ますと、南蛮人が東洋渡来以前に、すでにその骨子はわが国の文献に存在してをる。したがつて南蛮人渡来時分に至つてはじめて言ひ伝へられたり、或は創作せられたりした物語といふことは出来ない。これはやはり日本固有の漂泊物語であつて、西洋の影響を受けたものとは考へ難いといふやうに私も考へ直すやうになり、学界もさう結論したのであります。[*45]

百合若伝説の基本型は、南蛮人の渡来以前からできていたという。国産説へふみこむ度合いは、市場直治郎や中山太郎らの「接木」説よりいちじるしい。新村は、彼ら民俗学者の説を、とりいれた。しかも、彼らでさえ温存しようとした舶来説を、断念しつつ、うけとめたのである。

だが、どうだろう。新村が旧説を撤回したのは、ほんとうに、彼らの「接木」説が説得的だったためなのか。

百合若伝説の原型が以前からあったというだけでは、翻案説を否定しきれない。外来のユリシーズ伝説が、その原型と融合して、百合若伝説になった。以上のような可能性が、いぜんとしてのこりつづけるからである。じじつ、中山も市場も、この点がひっかかり、舶来説をすてきれなかった。舶来説へシンパシーをいだく新村も、同じようにふるまってよかったはずである。

にもかかわらず、新村は、旧説をまったく放棄した。『百合若大臣』は、「日本固有」の文芸であり、「西洋の影響を受けたものとは考へ難い」。そう言いきるまでになってしまったのである。

いったい、これはどういうことなのか。なぜ、新村はこうまでも、極端に態度をかえてしまったのだろう。

なによりも大きかったのは、『言継卿記』の記録が見つかったことだと思う。新村は、『聖教精華』にホメロスの引用があることから、翻案説へもどっていた。だが、『言継卿記』の記載事項は、それが翻案説にとって無意味であることを、しめしている。つまり、新村は、最大の典拠を、なしくずしにされてしまったのである。ややすてばちに、「日本固有」論へ転向したのは、そのせいだったろう。

新村の講演草稿に、『言継卿記』の話は見あたらない。これを読むかぎり、『言継卿記』が新村にあたえたダメージのほどは、不明である。だが、それまで新村がとなえていたことを考慮すれば、その痛手は軽く見つもれない。むしろ、決定的であったはずである。

もちろん、新村が『言継卿記』のことを知らなかったという可能性も、形式的にはある。ずいぶん、新村の学識を見くびった想定だが、まったくありえない話ではない。なんといっても、新村の講演は、これにぜんぜん言及していないのだから。

にもかかわらず、そういうことはなかっただろうと、判断しうる。新村は、『言継卿記』の記載が、自説の崩壊につながることを、わきまえていただろう。

じっさい、新村の講演は、中山太郎らの説を採用していた。百合若伝説の原型が以前から準備されていたという。そんな中山らの百合若理解に、したがっていたのである。中山の「百合若伝説異考」などは、きちんと目をとおしていたからだろう。

そして、この中山論文は、結論のところへ『言継卿記』を、もちだしていた。中山の論旨を知る新村が、この部分だけ読まなかったとは、思えない。とうぜん、読了して、自説の解体を痛感していたはずである。

講演では、そのあたりに関する詳細を、しゃべらなかった。『言継卿記』についても、役にたたなくなった『聖教精華』のことも、黙して語らない。一般向けの講演に、そういう文献考証の話は、ふさわしくないと考えたからだろうか。

それに、これは「日本人南進史と南洋文学」を語る場であった。『百合若大臣』をめぐる、こみいった文献の話は、本題からはずれすぎる。新村がしゃべらなかったことじたいを、不可解に思うべきではない。

むしろ、どうだろう。あえて、『百合若大臣』の話をもちだしたことのほうが、不思議だと言えまいか。その必要もないのに、わざわざ、自説の敗北を聴衆の前で告白する。そのほうが、逆にいぶかしく見えてくる。

おそらく、自説の劣勢は、もうすこし早い段階で気づいていたのだろう。中山らは、一九三〇年代のはじめごろに、その百合若論を展開させていた。新村も、一九三〇年代のなかごろには、翻案説を断念していたと思う。その当初は、くやしがっていたかもしれない。だが、数年をへてからは、いさぎよくあきらめられるようにもなってきた。一九四一（昭和十六）年の一般講演で公言できたのも、そんなせいではなかったか。

では、翻案説を全面的にすててしまったのは、どうしてか。「ゆり若」の原型に、あとからユリシーズ伝説が、混入した。この解釈なら、翻案説も部分的にいかせるが、そうしない。新村は、百八十度スタンスをかえて、「日本固有」論へ傾斜したのである。

時流の感化も、すこしはあったかもしれない。なんといっても、日米開戦を直前にひかえた時期の講演である。発表の舞台も、「新体制国民講座」などという、時局めいた場所であった。新村じしん、「日本人南進史」という、時局むきの話題を提供してもいる。日本ナショナリズムを、顕彰する。そんな要請があって、「日本固有」論へはしった部分も、なかったとは言えまい。

しかし、それを決定的な要因だと考えるのは、まちがっている。

新村は、おそらく、部分的な翻案説で、悪あがきをしたくなかったのだろう。旗色が悪くなった時点で、すっかり断念していたにちがいない。とにかく、新村は旧来の翻案説に、展望をうしなっていた。時流の関与する余地があったとすれば、そんなところのすきまにではなかったか。

いずれにせよ、かつて全盛をきわめたユリシーズ伝説の翻案説は、衰退した。最初は、民俗学や国文学の領域で、うたがわれる。そして、一九四〇年代には、とうとう新村出までこれを放棄した。「学界もさう結論したのであります」。新村みずからが、そうみとめる時代に、なったのである。

新村出は、一九四一（昭和十六）年の五月に、『日本吉利支丹文化史』をだしている。「日本人南進史と南洋文学」の講演がなされたのは、同じ年の十一月であった。『日本吉利支丹文化史』が刊行されたのは、ちょうどその半年前だったということになる。

前にもふれたが、この本で新村は、百合若＝ユリシーズ起源説の可能性を、となえている。いずれは、史学的にも立証されるだろうと、かなり楽観的なことを、書いている。この説はだめだと、そう講演で見切りをつけるわずか半年前に、である。

まだ、五月段階では、翻案説に明るい見とおしをいだいていた。そして、十一月になって、とつぜんこの説をあきらめる。ふたつの文章を読みくらべると、新村はそんなふうに転向していったのだと、思えてくる。同じ年の後半から、急旋回をとげたかのように、うつる。

さきほどは、いわゆる時局の関与を、そう大きく見つもらなかった。しかし、こういう態度変更をながめていると、そうも言えないような気がする。

日米開戦の直前に、旧説を放棄して「日本固有」論を、高唱した。これは、やはり戦争を目前にひかえた時流へ、迎合したせいじゃあないか。ひょっとしたら、そのためだけに、「日本固有」論へとびついていたのかもしれない。そう邪推されても、しかたがないだろう。

新村は、一九三〇年代のなかごろに、旧説をあきらめていた。前にそうのべてしまったが、判断をあやまったのではないか。なんといっても、一九四一（昭和十六）年の著作が、旧説でがんばっているのである。新村は、この年も後半期になって、急変した。以上のようにみなしたほうが、いいのではないか。

結論から先に言えば、こういう見方は、しかしあたらない。新村が自説をあらためたのも、学術的な要因が大半をしめている。もちろん、時局の影響も、ないとは言えないだろう。だが、それほど強調する必要はないと、考える。

五月にでた『日本吉利支丹文化史』へ、話をもどしたい。この本には、いささか興味ぶかいバイアスがある。西洋文明が、南蛮経由で日本へつたわった。そのことを、大きく語りすぎているような印象が、読みとれる。

もともと、新村の著述には、そういう傾向があった。だが、この本では、それが強くですぎているように、見える。なかには、あきらかなフライングと思える箇所も、散見する。たとえば、こんな記述がある。

シャヴィエルが将来した書物中に、教会堂建築の参考書として、ヴィトルヴィウスの建築書のイタリア版とフィレンツェの大匠アルベルティの「エディフィカトリア」の二建築書があり、[*46]

ヴィトルヴィウスとアルベルティの建築書を、ザビエルは日本へもってきていたという。

ヴィトルヴィウスは、古代ローマの建築家である。その『建築十書』は、ルネッサンス期に再評価され、西洋の建築界で重きをなした。アルベルティは、イタリア・ルネッサンスを代表する建築家である。

そんな両者の建築書が、南蛮時代の日本へとどいていたと、この本はのべている。もし、ほんとうだとすれば、たいへんおもしろい話である。西洋の建築術が、安土桃山時代の日本へも、はっきりつたわっていたことになる。それこそ、安土城が洋式築城術でたてられたという話にも、なりかねない。

しかし、はたして、そんなことがありうるのか。ヴィトルヴィウスとアルベルティの本が、当時の日本にあったという。その根拠は、どこにあるのだろう。『日本吉利支丹文化史』は、参照文献として、佐藤功一の「是蒙誌《これもうし》」をあげている。佐藤の知見にしたがって、ヴィトルヴィウスらの舶載を知ったというのである。

建築家の佐藤は、たしかにそういう文章を、書いていた。一九三九（昭和十四）年にそのことを、こうのべている。

サベリヨ師が布教上の必要から将来した書物のうちに、教会堂建築の参考書として、伊太利版のビトルビウスと、これもフィレンツェの大匠アルベルチ著はすところのエヂフィカトリアの二書があつた。[*47]

だが、それを史実として、読者に紹介していたわけではない。佐藤は、同じ文章のなかで、自分の話を「此夢物語」というふうに、ことわっている。「強い想像」であるという弁明も、そえていた。[*48]けっきょく、佐藤がつくりだしたファンタジーでしかなかったのである。建築家で古書収集癖もある、いかにも佐藤功一らしい空想だと言えようか。

『日本吉利支丹文化史』は、どうやらそんな話を、史実と誤解していたらしい。佐藤のつくり話を、真にうけてしまったのである。なんともおそまつな引用ではあった。

さて、『日本吉利支丹文化史』の著者は、いちおう新村出だということになっている。しかし、この本を、新村じしんが、直接書きおろしていたわけではない。これは、弟子のひとりが新村のノートにもとづいて、まとめあげた本なのである。そのことは、新村じしんが、まえがきでのべており、まちがいないだろう。

たぶん、その弟子が、かんちがいをしたのではないか。佐藤のヴィトルヴィウス船載譚を本気にして、新村の著作へ挿入してしまったのだろう。新村とつきあいのあった石田幹之助は、後年そんな指摘をのこしている。「恐らくそのお弟子のかたの思ひ違ひから来たものであらう」と。[*49]

石田の炯眼は、まさに図星をついていた。ヴィトルヴィウスの話は、弟子がかってにおぎなった無用の蛇足だったのである。

『日本吉利支丹文化史』は、『新村出全集』の第六巻に収録されている。そして、全集版では、ヴィトルヴィウスうんぬんの部分が、削除されていた。そのことについて、全集第六巻の編集を担当した重久篤太郎が、こうのべている。

本巻に収録するに方《あた》って、誤植訂正のほかに、筆録者の誤記を省いた箇所がある。即ち……佐藤功一博士の随想「是蒙誌」に基いた一節は、石田幹之助博士が指摘されたように、筆録者の誤記であるので、本巻ではその箇所を削除した。[*50]

じつは、この重久こそが、『日本吉利支丹文化史』をまとめた、新村の弟子なのである。石田に、そのミスを指摘されたときは、つらかったろう。自分の失敗を、全集の解説に書きとめるときも、苦痛を感じたと思う。

それにしても、新村は弟子の重久がまとめた草稿へ、目をとおさなかったのだろうか。もし、弟子の書いた文章を、そのままチェックもせずに、刊行させたのだとしたら……。新村じしんの怠慢も、せめられるべきだろう。著者の姿勢としては、おてがるにすぎると、そう言わざるをえない。

ともかく、『日本吉利支丹文化史』に、新村が心血をそそがなかったのは、たしかである。その文面が、新村の考え方を、ストレートに反映しているかどうかは、うたがわしい。けっこう用心して、読んでいかなければならないようである。

だとすれば、ここでとなえられた百合若＝ユリシーズ起源説も、あやしくはないか。新村じしんは、もうこの説をあきらめていた。だが、この本へは、ユリシーズとのつながりを論じる話が、でてしまう。それも、弟子の重久が、その方向で編述してしまったせいではなかったか。新村が断念した旧説を、そのまま書きあらわす。その可能性が、まったくなかったと、はたして言えるのか。

重久篤太郎は、日本における英学史の研究で知られている。明治期のキリスト教事情にも、造詣がふかい。日本英学史学会では名誉会長にもおされた、篤学の研究者である。

一九四一（昭和十六）年までは、京都帝大の図書館につとめていた。同大学の図書館長をながらく兼任していた新村出とも、そこで知りあうようになる。さらに、新村の仕事をてつだうことも、ふえてきた。たとえば、『日本吉利支丹文化史』の編集をたのまれたりも、したのである。

その重久に、『日本近世英学史』（一九四一年）という著作がある。新村の『日本吉利支丹文化史』を出版させた、その五カ月後、十月にだされた本である。

このなかで、重久は百合若＝ユリシーズ起源説に、肯定的な見解をしめしている。新村出の名をひいて、こんなふうにのべたくだりもあった。

> 新村出博士は「南風」のうちに於て和して述べられたやうに、此のオデッシーの冒険譚が東洋に来航した船頭や商賈《こ》達の口から極東の港に伝はり、更に伝承されて日本の船員等の耳にも入つて、遂に国文学と交渉を持つに至つたものであらうとその伝来の径路も推測することが出来る。[*51]

たしかに、新村は「南風」というエッセイで、そういうことをのべていた。船乗りたちが、ユリシーズ伝説を、極東へもちこんだかもしれないと、言っている。一九一〇（明治四十三）年のことである。

しかし、後年、新村はこの仮説を、放棄した。一九二〇年代以後の新村は、もうこういう議論をしていない。ユリシーズ伝説の伝来も、『聖教精華』などをつかって、のべるようになっている。船乗りによるオーラルな伝播ではなく、文献での伝来を語りだしていた。

にもかかわらず、重久は新村の初期仮説を、後生大事にまもっている。それだけ、新村を敬愛する気持ちが、強かったからではあろう。さらに、重久じしんも、こういう洋の東西をつなぐ話が、好きだったのだと思う。それで、ややロマンティックにすぎる新村の「南風」も、すてられなかったのではないか。

『日本近世英学史』からの引用を、つづけたい。重久は、つぎのようにも書いている。

よし百合若物語と類似の武勇伝説が九州の北辺にあるとしても、其の根拠をば「オデッシー」におくことも単なる空想と断定は出来ない……主人公ユリシスが日本では百合若になるなど原名も伝つてゐるのは興趣のほども深く感ぜられる。[*52]

たとえ、百合若伝説とよく似た伝承が、九州北部にあったとしても、と、言っている。民俗学者たちが、百合若伝説の原型を、九州の民間説経にもとめたことは、すでにのべた。重久はそんな立論をわきまえたうえで、なお舶来説をとなえていたのだろうか。

一九二、三〇年代の民俗学に接したあとでも、ユリシーズ伝説の翻案説がゆるがない。もし、そうだとすれば、よほど脳天気な学者だったということになる。そこまで、重久を見くびることは、ひかえたい。中山太郎らの指摘は、知らなかったのだと思う。

「九州の北辺」うんぬんという記述も、高野辰之のそれを念頭においていたのだろう。これならば、翻案説と共存することも、できなくはないのだから。

いずれにせよ、重久は強いシンパシーを、ユリシーズ伝説の翻案説には、いだいていた。師の新村以上に、東西交渉のファンタジーが好きだったということか。

おそらく、そういう資質があったからだろう。ヴィトルヴィウスらの建築書が日本へきていたという話を、信じこんでしまったのも。こういう話題に接すると、わけもなく胸さわぎがしてしまう。東西交渉のロマンティックな歴史に、思いをはせてしまう。そんな感受性が、ヴィトルヴィウスらにまつわる空想譚を、盲信させたのではないか。

余談だが、キリシタン史の権威である海老沢有道も、この話にはひっかかっている。じっさい、海老沢は、一九五八（昭和三十三）年の著作で、こう書いていた。

一説によるとサヴィエルが持参した書の中に天主堂建築の参考書としてイタリヤ版の二建築書があり、それが日本に残され、のちのキリシタン建築に役立ったと云われる。[*53]

脚註では、佐藤功一の「是蒙誌」をひいている。ヴィトルヴィウスの日本伝来説を、うのみにしてしまったことが、よくわかる。海老沢有道ほどの学者が、どうしてこういう愚論にとびついたのか。この点は、いぶかしく思うむきも多かろう。

このことは、またあとで考えなおすことにする。

海をこえた、東西の文化交渉史に、胸を高ならす。重久のこういう資質は、師の著作をまとめる時にも、発揮された。『日本吉利支丹文化史』にも、ヴィトルヴィウスの話を、もちこんでしまったのである。こういう情熱については、歯止めがきかなかったのだろう。

だとすれば、百合若＝ユリシーズ起源説についても、同じことは言えまいか。重久は、民俗学者たちの議論があった後も、翻案説を信じていた。一九四一（昭和十六）年の年末になっても、これを堅持した。そして、その信念を、そのまま師の著書へ、露呈させてしまったのではないか。当の新村じしんは、もうあきらめていたのに。

新村の新しい考え方を、重久が意図的にねじまげたと、言いたいわけではない。おそらく、つぎのように編集作業は、進行していったのだと思う。

新村が、自分のメモやノートを、重久にてわたした。以前からつかっている、まだ『百合若大臣』解釈があらためられていないものを、貸与した。そして、重久はこの古いデータにもとづいて、『日本吉利支丹文化史』をまとめていく。

重久が、新しい学説動向へ傾斜しておれば、新村に再考をうながしたかもしれない。

新村先生、最近は百合若＝ユリシーズ起源説の旗色が悪いのですけど、どうしましょう、と。だが、旧説への思いいれが強い重久は、そうしない。師の古いノートにそのまましたがって、自分も好きな翻案説を書いていく。

また、新村も、そうしてしあがった草稿を、あまり点検しなかった。そのため、自分がすでに放棄した考え方がのっているのを、見おとしてしまう。ヴィトルヴィウスの話を、見すごしてしまったのと、同じように。

もし、新村が自分で原稿を書いておれば。あるいは、もうすこしていねいに、重久の書いたものをチェックしておれば。おそらく、こういうミスもふせげたのではないかと思う。じっさい、新村じしんがしゃべった講演では、以前の自説を否定していたのだから。

くりかえす。たぶん、新村は一九三〇年代のなかごろに、中山太郎らの論文を読んだのだろう。そして、『言継卿記』の記録を知り、自説をあきらめた。だが、弟子まかせにしていた一九四一（昭和十六）年の著述では、それがなおらない。ようやく、同年年末の講演で、見解の変更を表明することができた。事態のおおざっぱな推移は、以上のようであったろう。

もちろん、日米開戦の直前になって、とつぜん転向した可能性もある。例の講演を、時局にあわせた便乗的なものでないと、断言できるわけではない。ここでは、新村の学識を信頼して、時流に迎合する度合いも弱かったろうと、考えた。重久篤太郎を俎上へあげたストーリーは、そんな判断のもとに、ひねりだされている。

もし、新村がたんなる時局便乗者だったのだとしたら。その場合は、重久を少々悪くえがきすぎたことになる。ここでの非礼は、ただあやまるしかないだろう。まあ、そういうことは、まずなかったろうと思うのだが。

アポロドロスにたくした夢

『百合若大臣』を、ユリシーズ伝説の翻案だと考える研究者は、けっして多くない。国文学や民俗学の分野では、あまり相手にされなくなっている。露骨に眉をひそめる学者も、いなくはない。そんな幼稚な話はするなよというふうに。

とはいえ、学界の一部に、いまでもこの説を支持する声は、のこっている。たとえば、比較文学の研究者たちがそうである。

この分野では、文学を国際的に比較検討することが、めざされる。具体的には、となる文化圏での文学受容というテーマが、えらばれやすくなる。たとえば、フランスはゲーテを、どうとけとめたか。近世の日本へつたわったイソップ童話は、どれほど原型からへだたっているのだろう……。

必然的に、翻訳、あるいは翻案といったプロセスが、研究者の興味を強くひきつける。そこから研究をはじめることが、どうしても多くなる。『百合若大臣』が、もしユリシーズ伝説の翻案であるとすれば。それは、比較文学の研究テーマが、それだけふえることを物語る。比較文学研究者の領土、テリトリーが拡張するのである。この分野にぞくするひとびとが、翻案説へ傾斜しやすくなるのも無理はない。

皮肉な話だが、このテーマで文学の研究者を色分けすることも、できなくはないだろう。ユリシーズ起源説を馬鹿にする反応がでれば、それは国文学者。支持する態度をしめせば、比較文学に近い研究者。そんなリトマス試験紙の検査めいた弁別にも、いくらかは活用しうる。真理が、所属学界によってどうちがうか。その傾向を知る、恰好のテーマだというべきか。

あと、欧米の日本文学研究者にも、ユリシーズ起源説びいきの傾向は、うかがえる。西洋の古典と日本をつなぐ話に、自分の立場ともつうじる何かを、感じるからだろうか。『百合若大臣』の翻案説によせる興味は、日本国内の研究者より、がいして強い。

前にものべたが、百合若の国産説は、一九二〇年代の末ごろから、擡頭しだしていた。一九三〇年代からは、そちらのほうが優勢になっている。そして、翻案説を代表していた新村出も、ユリシーズ伝説の伝播論を断念した。日本の学界は、『百合若大臣』を自前の文学として位置づけるように、なっていく。

もちろん、敗戦後もこの趨勢はかわらない。二十世紀の後半になっても、翻案説は低迷しつづけた。わずかに、欧米の、そして比較文学の研究者たちが、これを維持しつづけたのである。

こう書くと、不可解に思う読者もおられよう。一九三〇年代以後の学術水準で、どうやったら翻案説をたもつことができるのか。どう考えても、こんなのなりたつはずがないじゃあないか、と。

たしかに、そう、いぶかしがられても、しかたないだろう。一九三〇（昭和五）年前後の民俗学者たちは、『言継卿記《ときつぐ》』の記録を見つけていた。一五五一（天文二十）年の正月に、「ゆり若」が京都で上演されている。いわゆる南蛮人の日本漂着から、七年半しかたたない時期に、「ゆり若」はできていた。そのことを、うたがいようのない文献記録のなかに、見つけていたのである。

わずか、七年半ほどのあいだで、ユリシーズ伝説が、「ゆり若」にかわるとは思えない。そもそも、最初の漂着南蛮人が、ユリシーズ伝説をつたえたかどうかも、疑問である。彼ら船乗りたちの教養を考えれば、むしろ知らなかったと見たほうが、妥当であろう。

翻案にかけられる時間的余裕が、七年半あったとは、だから思いにくい。おそらく、もっと短い期間しか、想定されえないはずである。その時間を、最大限に見つもっても、七年半しかないという。七年半は、そういう数字なのである。

新村をはじめとする多くの研究者が、翻案説からはなれたのも、そのためであったろう。七年半未満という短期間に、ユリシーズ伝説の翻案が完成したとは、言いにくい。そう判断すればこそ、東西の伝播論が好きなひとたちも、これをあきらめたのである。もちろん、時流が舶来説から日本自生説へむいていたことにも、あとおしされて。

にもかかわらず、一部の研究者たちは、翻案説を堅持した。たとえば、エスター・ロウエル・ヒッバードが、そのひとりにあげられる。

ヒッバードは、一九四四（昭和十九）年に、「日本文学における百合若伝説」を、書いた。そのなかで、彼女なりの百合若＝ユリシーズ起源説を、展開させている。なお、この仕事は、ミシガン大学へ提出された学位論文でもあったらしい。

さらに、彼女は同趣旨の論考を、『アメリカ民俗学《フォークロア》雑誌』へも、報告した。一九四六（昭和二十二）年の夏期号へ、「日本文学におけるユリシーズ譚」を、よせている。よほどこのテーマには、興味をいだいていたのだろう。

ヒッバードの研究は、日本でも紹介されている。同志社女子大学の加藤順三が、学位論文のほうを翻訳させて、同大学の紀要に掲載した。『学術研究年報』の創刊第一号（一九五〇年）に、全文をのせたのである。

なお、ヒッバードは、戦前から同志社女子専門学校で、教鞭をとっていた。プロテスタントの宣教師でもある。一九四九（昭和二十四）年に同志社女子大学ができた時は、学長職へ就任した。同大学にとっては、初代の学長にほかならない。

かんじんの論文に、話をうつそう。よく読めば、おもしろい指摘も、見いだせる。じゅうらいの研究史で見すごされてきた論点もあり、すこしは興味をひく。たとえば、「百合草」に関する言及が、オリジナルな発見として評価されるだろう。

ヒッバードは、百合若物語をしるした古伝本を、都合十三種類検討した。すると、「百合若」ではなく、「百合草」としるした資料もあることが、わかってくる。彼女は、この「百合草」という名辞を、より古いものだと考えた。そのうえで「百合草」を、つぎのように解釈したのである。

伝本の中の一つにおいて、主人公の名前は重要な変化を蒙つてゐる。それは「百合草」と書かれ「ユリクサ」と読まれる……音から言へばこれは深い意味がある、すなはちこの名はギリシヤのオデュッセウスのローマ形であるユリクセスに甚しく似てゐるからである。[*54]

当時のラテン語では、ユリシーズを「ユリクセス」と発音した。これは、古伝本のひとつにある「百合草」＝「ユリクサ」と、音がつうじあう。そのことを強調しつつ、ヒッバードは、ユリシーズ起源説をうちだした。「ギリシヤの物語と日本の伝説との間に何らかの関係が存したに違ひない」と[*55]。

日本の国文学者では、なかなか気づかない。西洋人ならではのコメントだと評せよう。かつて、坪内逍遙は、英語の「ユリシーズ」を「百合若」にむすびつけていた。そのころとくらべれば、レベルがずいぶん高まったというべきか。

しかし、ヒッバードの論文で、おもしろいのはここまでである。あとは、どうにも読むべきところがない。致命的なミスさえ、おかしている。

今日の学術水準から、その論文を見下しているわけでは、けっしてない。同時代の仕事とくらべても、見おとりがしてしまう。こんどは、その問題点をあげていくことにしたい。

日本へきた南蛮人たちは、はたしてユリシーズ伝説のことを、よく知っていたのだろうか。もし、知らなかったのだとしたら、ユリシーズ伝説の日本伝来もなかったことになる。その伝播を前提とする翻案説は、とうていなりたたなくなってしまう。

翻案を主張するのなら、だからユリシーズ伝説の日本到着を、論じきる必要がある。南蛮人たちが、ユリシーズ伝説につうじていたことを、証明しなければならない。それが、あきらかにならなければ、翻案説は語りえないのである。伝播のにない手を、彼らだと考えるのなら。

もちろん、ヒッバードも、その知識が南蛮人に普及していた蓋然性を、揚言する。そのなかで、彼女はアポロドロスのまとめた『文庫と梗概』へ、目をむけた。アポロドロスは、紀元前二世紀のアテネにいた学者である。この本も、ギリシア語で書いてある。それが、一五五五（弘治元）年に、ラテン語へ訳出され、けっこう普及した。そして、そのなかには、ユリシーズの物語も、荒筋がしるされていたのである。このことをふまえつつ、ヒッバードは、つぎのように書ききった。

たとへ我々が今日知つてゐるごときオディッシは全く知られてゐなかつたにせよ、アポッロドーロスの伝本が十六世紀の後半には少くともヨーロッパの学者には親炙されてゐたらうことは間違ひない*56

ひょっとしたら、そのとおりだったのかもしれない。一五五五（弘治元）年以後、十六世紀後半に、その知識がひろまった可能性はあろう。

しかし、そんなことを力説しても、ユリシーズの翻案説にはつながらない。なんといっても、一五五一（天文二十）年には、「ゆり若」が上演されていたのである。その四年後に、アポロドロスがラテン語へ訳されていたとしても、意味はない。論じなければならないのは、「ゆり若」以前の状況なのである。

にもかかわらず、『言継卿記』がしるしたヒッバードは、一五五五（弘治元）年以後の普及を力説した。十六世紀後半の様子に、目をむけていたのである。いったい、なぜか。こたえは、ひとつしかない。ヒッバードが、『言継卿記』の「百合若」上演記録を、知らなかったからである。

じっさい、ヒッバードは、つぎのようにものべていた。

この日本の伝説が十六世紀の末葉よりもより古くはありえないことは明白である……それ故、百合若伝説が十六世紀の末葉より早くはない時期に北九州に発祥したといふ仮説の上で話を進めてゆく……[*57]。

十六世紀の世紀末以後に、『百合若大臣』ができたと、ヒッバードは思いこんでいた。しかし、『言継卿記』は、それより半世紀ほど前に、演じられていたことをしめしている。どう考えても、ヒッバードが、その点については無知だったと言うしかない。

『言継卿記』の「ゆり若」を、はじめて日本の学界へ紹介したのは、中山太郎である。すくなくとも、論文のかたちで知らせたのは、中山であった。一九三二（昭和七）年のことである。

だが、ヒッパードは、そういう先行研究の存在に、気づいていない。日本の学術動向については、やはり不案内だったのだろう。百合若伝説の諸刊本を読んでいく根気には、頭が下がる。たいへんな努力だったろうと、想像する。しかし、それまでの学問的蓄積には、目がとどかなかった。お気の毒だというしかない。

同じ同情は、『聖教精華』への言及についても、わいてくる。

この文献は、一六一〇（慶長十五）年に、長崎で発行されていた。ホメロスやヴェルギリウスらから、章句をひいてならべたラテン語の金言集である。この文献により、南蛮時代の日本へホメロスらがとどいていたことも、判明した。

ヒッパードも、そういう書物が存在することは、知っていたらしい。その学位論文でも、ユリシーズ伝説の伝来を示唆する根拠のひとつに、あげている。と同時に、こんなこともものべていた。

これらの……幾部かは現在ローマに保存されてゐるが、不幸にして今のところそれらを調査してこの説の妥当性を吟味することができない。[*58]

前にものべたが、『聖教精華』は、一九一九（大正八）年に、日本へとどいている。

新村出と石田幹之助が、東京の東洋文庫におさめさせたのである。以後、日本在住の研究者は、比較的たやすくこれを閲覧できるようになった。

ヒッバードは、そういう事情も知らなかったらしい。ローマにある原本を、今のところ実見できないのがざんねんだと、なげいている。じっさいは、東京にある文献のことを、である。

ところで、ローマにあるというのは、『ラテン文典』のことであろう。一五九四（文禄三）年の書物だが、これならローマのアンジェリカ文庫に収蔵されている。東洋文庫は、複写というかたちで、これを入手するにとどまった。

『聖教精華』は、もともと所在がわからなかった文献である。東洋文庫は、これをオランダの古書店から、入手していた。それまで、「ローマに保存されてゐ」たわけでは、けっしてない。にもかかわらず、ヒッバードは、『聖教精華』がローマにあると書いている。

おそらく、『聖教精華』と『ラテン文典』のことを、混同してしまったのだろう。ヒッバードは、アーネスト・サトウの研究から、こういった情報をしいれていた。たぶん、サトウのことも、そうていねいには読まなかったのだと思う。じっさい、サトウは『聖教精華』の所在を不明だと、しるしていたのだから。

とはいえ、ヒッバードの怠慢をせめるのは、酷である。なんといっても、日本の古典を、外国人があつかった研究ではあった。日本国内の研究動向から、おくれをとるのも、しかたがないだろう。外国人研究者による日本研究のむずかしさという問題を、痛感する。今は、こういうギャップも、よほど解消されているのだが。

本題へもどる。ヒッバードは、『聖教精華』がホメロスをつたえている点に、注目した。そして、それをユリシーズ伝来説に好都合なデータのひとつとして、披露する。かつての新村出と同じように。

だが、これもじっさいには、まったく役立たない。『言継卿記』が、それより半世紀も前の「ゆり若」を記録している以上、無駄である。新村が、おそらくその点へ配慮して、自説を断念したことは、すでにのべた。そういう事情につうじていないヒッバードを、くりかえすが、たいへん気の毒だと思う。

いや、それどころではない。つぎのように彼女が主張しているところを読むと、いたいたしくさえ感じてしまう。

この伝説が日本に現はれたのは十七世紀の初め頃であつて、これは右のヨーロッパ諸国民との接触が始めて確立されて後五十年のことであつた。それ故百合若物語の根本趣向は、日本本来のものであつたといふよりはむしろ西洋文化よりの移植と見た方がより確からしく思はれるのである。*59

まったくのからぶりだといってよい。研究事情につうじていないということの不幸を、ひとごとながら思い知る。
こんな論文を、わざわざ翻訳する必要があったのか。公表せず、そっとしておいてやったほうが、よかったような気もする。なお、論文の末尾には、紹介者によるつぎのような「追記」が、そえられていた。

特に国訳した理由は、その内容がわが国中世の百合若伝説の根拠に重要な説明を加へたものであり、比較文学として従来の同系統の論文中異彩のあるものであつて、汎く国文学の立場からも熟読翫味せらるべき意義を認めたからである。[*60]

どうやら、翻訳をさせた日本人研究者にも、当時の研究水準がわかっていなかったらしい。少々情けない認識を、露呈させている。せめられるべきは、ヒッバードより、こちらのほうだったのかもしれない。

京都と山口をむすぶ糸

『言継卿記』の上演記録は、百合若研究史に、決定的な意味をもっていた。これが発見されたおかげで、大半の翻案説はしぼんでしまったのである。

ヒッバードは、そんな時期になってなお、百合若＝ユリシーズ起源説を提示した。といっても、『言継卿記』の記録と両立しうる新事実が、見つかったわけではない。『言継卿記』を知らなかったから、景気よく翻案説がとなえられたのである。

では、『言継卿記』のことをわきまえたうえで、翻案説に立脚するのは無理なのか。南蛮人が漂着した七年半後に、京都で「ゆり若」は演じられていた。この事実とおりあいをつけつつ、翻案の可能性をさぐるてだては、ないものか。

じつは、そういった方途を模索した研究者も、いくらかいた。たとえば、幸若舞の研究で知られるジェームズ・T・アラキがそうである。

一九七八（昭和五十三）年のことであった。アラキは、「百合若とユリシーズ」という論文を、書いている。発表されたのは、『モニュメンタ・ニッポニカ』（春季号）。上智大学から刊行されている英文紀要である。

あとでのべるが、アラキの推論は、少々あらっぽい。かなり強引に、話をすすめている。にもかかわらず、その学術水準は、けっして低くない。すくなくとも、ヒッバードのそれとくらべれば、数段上をいく。

さて、この論文で、アラキは十五、六世紀の西欧におけるホメロス理解を、論じている。ルネッサンスの文芸復興によって、ギリシアの古典が、よみがえりだしていた。

ユリシーズ伝説や、トロイ戦争の話も、知識人のあいだにはひろがっていたという。

なかでも、アラキが強調するのは、十六世紀前半までの普及状況である。大英博物館がまとめた印刷出版物に関するカタログを見よ。一五五〇年代以前にだされたホメロスの本が、いくつもリスト・アップされている。アントワープで、一五二八年に刊行されたもの、パリで一五三八年に出版されたもの……。こうして、アラキはルネッサンス＝文芸復興の隆盛を、力説する。

十六世紀前半にこだわる理由は、明白である。『言継卿記』には、一五五一（天文二十）年の「ゆり若」が、記録されていた。百合若のユリシーズ起源を論じるためには、それ以前の歴史へ注目しなければならない。一五四〇年代までに、ユリシーズ伝説のよみがえっていたことを、しめす必要がある。そして、アラキはそれを論じきったのである。

しかし、たとえ、それがわかったとしても、まだたりない。こんどは、そういった知識が、日本までつたわったことを、言わなければならなくなる。

さすがのアラキも、最初の南蛮漂着民を、その伝達者だとすることはできなかった。十六世紀前半のホメロス・リバイバルも、一部知識人のあいだでひろがったにとどまる。ポルトガルの船員にまで普及したとは、やはり言いにくい。

そこで、アラキが目をつけたのは、フランシスコ・ザビエルである。

ザビエルは、イグナチウス・ロヨラとともに、イエズス会を組織した。アジアの布教活動にのりだし、日本へやってきたことは、周知の事実である。

ザビエルは、パリ大学で学んでいる。ボーヴェーのカレッジで、教鞭をとったこともあった。当時としては、第一級の知識人である。とうぜん、ギリシアの古典やホメロスにも、なじんでいたはずだと、アラキは力説する。

イエズス会の、学識あるひとびとなら、きっと、トロイ戦争やユリシーズの話に、その概略《ジエネラル・アウトライン》くらいは、したしんでいたはずである。[*61]

しかし、信仰心のあついイエズス会士たちは、異教の文献をきらわなかったのだろうか。アラキは、そのことをまったく心配していない。むしろ逆であると言う。W・B・スタンフォードの研究を援用しつつ、こうのべている。

スタンフォードは、ホメロスの寓意的《アレゴリカル》な解釈のなかで、ユリシーズがキリストのイメージでながめられている事例を、たくさんあげ、また、それが聖職者たちの説教や書き物でも、自然の美徳の価値ある例とされていたことを、のべている。[*62]

ユリシーズは、キリスト教徒にも、いいイメージをもたれていた。説教で語られることも、あったという。こうして、アラキは、ザビエルとユリシーズ伝説のつながりを、強調する。そして、ザビエルによる伝説の運搬という仮説へ、なだれこんでいくのである。

たしかに、ザビエルが、ユリシーズ伝説を知っていた可能性は高い。だが、彼は日本語を解さなかった。そんなザビエルに、どうして日本人へギリシア古典をおしえることが、できたのか。

アラキは、フェルナンデスというザビエルの従者へ、目をむける。フェルナンデスには語学の才があり、日本語もかなり理解したとされている。そのフェルナンデスをつうじて、ユリシーズ伝説は、日本人へつたわったというのである。

いちばん問題になるのは、ザビエルが日本へ到着した時期であろう。彼らの一行が鹿児島へたどりついたのは、一五四九（天文十八）年七月のことであった。京都で「ゆり若」が上演されたのは、翌々年の正月である。その間、わずか一年半。

さきほどは、七年半という期間を、あまりに短いと書いた。だが、それどころの話ではない。ザビエルを伝達者にすると、一年半しか伝播と翻案の期間が、捻出できないのである。いったい、こんな短期日で、「ゆり若」が完成したと言えるのか。

日本へたどりついたザビエルは、多くの大名とであっている。鹿児島の島津貴久、平戸の松浦隆信、そして山口の大内義隆ら、である。

なかでも、大内には多くの献上品をさしだし、その信頼をとりつけた。山口での布教も、みとめさせている。のみならず、ある廃寺を住居としてあたえられもした。

大内氏の山口が、繁栄していたことは、よく知られている。守護大名・大内の威光もあって、多くの人材、そして物資があつめられていた。ザビエルが、この町に布教の一拠点をおいたのも、そのせいであろう。

そんな山口に、幸若舞の大夫たちも、きていたという記録がある。『陰徳太平記』の第十九巻と第二十巻に、そのことはしるされている。この記録によれば、大名・大内義隆じしんが、幸若舞をこのんでいたという。その宴席へ、大夫をまねいて、鑑賞してもいた。お気にいりは、「烏帽子折」という演目であったらしい。

なお、第十九巻の記録は、一五五一（天文二十）年の宴席について書いている。第二十巻のものは、その年代がわからない。だが、大内義隆の招宴である以上、一五五一年以前の話だと言える。義隆は、この年、九月に家臣からうらぎられ、自害するのだから。

『陰徳太平記』は、一七一二（正徳二）年に刊行された軍記である。毛利氏を中心にした戦国時代の歴史が、まとめられている。かならずしも、史学上の一級史料になる文献ではない。歴史研究の専門家たちも、注意ぶかくこれをあつかう傾向がある。
もちろん、ジェームズ・アラキも、この文献が信用しきれないことは、知っていた。しかし、大内義隆が幸若舞をひいきにしていたことは、まちがいないという。その宴席へ、大夫をまねいたこともあったろうと、考える。ザビエルと幸若舞の接点を、そこにもとめたかったからである。

ザビエルは、一五五〇（天文十九）年の九月から、しばらく山口に滞在した。では、もしこの時に、幸若舞の大夫らが、ザビエルに会っていたとしたら。そして、従者のフェルナンデスから、ユリシーズの話を聞かされたなら……。

そう想像力をはばたかせたアラキは、つぎのような仮説に到達する。

こんな仮説を考えてみよう。ジュアン・フェルナンデスは、説教の聴衆にユリシーズの物語を語っていた、そこには幸若舞の演者もふくまれており、彼はそのおおよその話を脚色《アダプト》し、中世日本の説話や民間伝承にストックされたモティーフでかざりあげ《エムベリッシ》、日本の物語としてはたいへんめずらしい『百合若大臣』にしたてあげ、京都へもちかえった、と[*63]。

ザビエル、フェルナンデスが、山口の聴衆に、ユリシーズ伝説を物語る。それを、たまたま耳にした幸若舞の大夫が、新たな創作のヒントにした。こうして、『百合若大臣』はつくられたと、アラキは言うのである。

可能性が、まったくないわけではない。しかし、いかにも強引な設定である。まず、ザビエルらがユリシーズの話を、山口で語ったという記録はない。その時期に、幸若舞の大夫が、山口へ滞在していたという保証もないのである。そんな大夫がユリシーズの物語を、彼らから聞いていたかどうか。この点はたいへんうたがわしいと、言わざるをえない。

もしかりに、幸若舞の大夫が山口でユリシーズ伝説を知ったとしても、疑問はのこる。翻案に要する期間の問題が、どうしてもひっかかる。

ザビエルの山口滞在は、一五五〇（天文十九）年九月からであった。そして、「ゆり若」は、翌年正月五日に、京都で上演されている。山口で聞きかじった話が、三カ月半ほどの時間で脚本化され、京都へはこばれた。アラキの仮説を信じれば、そういう勘定になってしまう。

伝達と翻案につかわれたとされる期間は、よりいっそうちぢまった。この仮説では、三カ月半しか余裕がないことになってしまう。

いったい、そんなことがおこりうるのだろうか。それだけのスピードで、劇作をしあげることが、できるのか。

アラキは、じゅうぶん可能であるという。

理論的に言えば、文学や音楽は、作家や作曲家が書いたり記譜したりするのと同じ速さで、つくられうる。現代日本の熟練作家なら、『百合若大臣』と同じ長さの話を、とくに、プロットが頭の中でかたまってできあがっていれば、数日で書きあげてしまうだろう。[*64]

たしかに、そういうことは、ありうる。文字どおり、「理論的に」は。しかし、山口のザビエルと京都の「ゆり若」を、三カ月半でむすぶのはどうか。やはり、無茶な、そしてあぶなっかしい仮説だと思わざるをえない。

だが、南蛮渡来のユリシーズ翻案説を語るなら、おそらくこれしかないだろう。『言継卿記』の記録がある以上、こういうかたちでしか、くみたてられないのである。そして、アラキも、その線でおしきった。

あるいは、こう言ったほうがいいのかもしれない。現在、南蛮経由の翻案説は、立場がずいぶん弱くなっている。とうとう、アラキのような仮説でしか、論じえないようになってきた。つまり、それぐらいせまい隘路へ、おいこまれてしまったのだ、と。その狭隘さは、翻案説のおかれた現状をしめしているように思うのだが、どうだろう。

天文六年、ユリワカタイシン

『東勝寺鼠物語』という文献がある。一五三七（天文六）年に書かれたものだとされている。テキストの原典は、見つかっていない。わずかに、京都大学の図書館が、その写本を保存しているのみである。

有名な古典だとは、言いがたい。一般の読書人で、これを知るものは、すくなかろう。国文学の専門家に、いくらかはその名がとおっているかもしれないが。

こういうマニアックな文献の話をもちだしたのには、わけがある。『百合若大臣』のことが、この冊子にのっているからである。

『東勝寺鼠物語』には、幸若舞の演目が、いくつか紹介されていた。「馬ソロエ（馬揃）」、「土佐シヤウソン（土佐正尊）」、「高タチ（高館）」などである。そして、それらとともに、「ユリワカタイシン」の名も、記載されていた。

一五三七（天文六）年の記録に、「ユリワカタイシン」と書かれている。それは、もうこのころに、『百合若大臣』ができていたことを、さししめす。

ここまでくれば、『東勝寺鼠物語』のもつ重要性も、理解していただけよう。これは、百合若＝ユリシーズ起源説を、根底からくつがえしかねない文献なのである。

じゅうらいより、ユリシーズ伝説を日本へもちこんだのは、南蛮人だとされてきた。

イエズス会の宣教師たちを、ホメロス伝播のにない手だと位置づける。『百合若大臣』の翻案説は、以上のような想定のもとに、くみたてられてきたのである。

もういちど、確認しておきたい。日本へ最初に、ポルトガル船が漂着したのは、一五四三（天文十二）年のことであった。種子島にこの時上陸した南蛮人が、洋式の鉄砲をもちこんだことは、知られていよう。宣教師のフランシスコ・ザビエルが日本へきたのは、一五四九（天文十八）年である。

だから、ユリシーズ伝説の日本伝来も、一五四〇年代以後の話になる。伝播の役割をになったのは南蛮人だとみなせば、どうしてもそうなってしまう。

だが、「ユリワカタイシン」の名は、一五三七（天文六）年に、書きとめられていた。最初のポルトガル船漂着より、六年も早い段階で、日本の文献に顔をだしている。

このことをすなおにうけとめれば、どうなるか。結論は明白である。南蛮人のもちこんだユリシーズ伝説が、翻案されたという説は、崩壊してしまう。「ユリワカタイシン」は、南蛮人の渡来以前にあったのだから、そうならざるをえない。

じじつ、『東勝寺鼠物語』をとりあげて、翻案説を論難した研究者もいた。木村紀子という国文学者が、そのことを書いている。一九六四（昭和三十九）年の指摘だが、こうある。

もし百合若大臣の物語がユリシーズ物語の転伝したものであったのなら、伝えられる可能性の最も大きいのはやはり天文十二年（一五四三年）種子島にポルトガル人が漂着し、南蛮人との交流がなされるようになった頃であろう。だが、ここで矛盾しているのは、天文六年の刊《ママ》とされる『東勝寺鼠物語』に「ユリワカダイ《ママ》ジン」という曲名が見られることである……この書に曲名が見えるということは、すでに天文六年頃「ユリワカダイ《ママ》ジン」が存していた事を示すものだろう。[*65]

『東勝寺鼠物語』の存在じたいは、早くから一部の学者に、知られていた。それをとりあげて、学界へ報告した研究者もいる。たとえば、岡田希雄《まれお》が、「東勝寺鼠物語と幸若舞の曲名」という論文を、発表していた。一九二八（昭和三）年のことである。木村がこの文献を知ったのも、岡田の論文をつうじてのことであった。

岡田じしんは、『百合若大臣』のユリシーズ起源説に言及していない。国産説を、声高に説いたりもしなかった。ただ、幸若舞の曲名が、この文献に記載されていることを、紹介しただけである。「ユリワカタイシン」の名も、そういう地道な作業の一環でしめされたに、とどまる。

岡田に、もし山っ気があれば、国産説を高唱してもよかったろう。そうすれば、先駆的なユリシーズ起源説の否定論者として、脚光をあびたかもしれない。時勢は、そちらへむかいだしていたのだから。だが、岡田はそういったアクションを、おこさなかった。

ユリシーズうんぬんの当否に、興味がなかったわけではない。岡田は、べつの機会に、興味ぶかい百合若への言及をしめしている。この点については、あとでくわしく論じたい。

いずれにせよ、この論文は、同時代の研究者にも、あまり注目されなかった。『言継卿記』に気づいていた中山太郎でさえ、これへ目をむけていた形跡はない。へんぺんたる写本の紹介論文だということで、見すごされていたのだろうか。

ユリシーズ起源説の是非という文脈で、岡田が引用されたのは、三十六年後になってから。さきほどの木村紀子によってとりあげられたのが、おそらく最初であろう。

もっとも、木村の時代は、翻案説が下火になっていた。『百合若大臣』は国産であるとする見方が、定説になった時代だといえる。なお、木村じしんは、この物語をつぎのように位置づけていた。その解釈は、当時の常套でもあったろう。

百合若大臣の物語の発端も、我国の歴史的、社会的背景を考え合わせれば当然出てきて良いものであったし、その後の主人公の苦難、活躍への発展も、我国の物語の流れにまさに適うものを有していた……この百合若大臣の物語を、ユリシーズの物語の翻案物としたり、或はユリシーズの物語が接木されたのだ……とする必要は全くないといって良い。[*66]

これだけのことなら、めずらしくもなんともない。二十世紀の中葉には、誰もが表明するあたりまえの解釈となっていた。わざわざ論文にして、学界へ問うような見解では、なかったはずである。

ただ、岡田の論文をひいて、『東勝寺鼠物語』をもちだすという新味はあった。これを国産説に流用したのは、木村が最初だったと思う。

しかし、翻案説という死馬に鞭打つような印象がすることも、いなめない。衰弱しきった議論に、『東勝寺鼠物語』でおいうちをかけたという構図が、うかんでくる。仮定の話になるが、もし、一九二八（昭和三）年段階で、国産説に利用されたなら……。『東勝寺鼠物語』も、もうすこし知名度があがっていたと思うのだが、どうだろう。

「ゆり若」は、一五五一（天文二十）年に、京都で上演されている。『言継卿記』にその記録があると、これまで何度ものべてきた。このデータが、翻案説の立場を弱めたことも、既述のとおりである。

時期的には、南蛮人の漂着から七年半しかたっていない。ザビエルの日本到着からかぞえれば、一年半である。ザビエルの滞在した山口を伝達の場とみなせば、わずかに三カ月半……。

そんな短い期間に、翻案が完成したとは思いにくい。だから、多くの研究者は、翻案説を断念した。

もっとも、それだけ短い期間でも、翻案の可能性がないわけではない。山口から京都への三カ月半に、翻案が完了したと考える研究者は、今でもいる。翻案説は、衰退しつつも、かぼそい可能性にすがって、延命しているのである。前には、ジェームズ・アラキのことをそんな立場の代表者として、紹介した。

だが、『東勝寺鼠物語』は、そのわずかな可能性さえ、粉砕するように見える。なんといっても、南蛮人の渡来以前に、「ユリワカタイシン」はあったというのである。翻案説は、『言継卿記』以上に強力な刃を、つきつけられたというべきか。

これに、いったいどのような対応のしかたがあるのだろう。あくまでも、翻案説をまもろうとすれば、どういうてだてをとればいいのか。

ここで、もういちど、ジェームズ・アラキの論文を、検討してみたい。アラキの百合若論は、一九七八（昭和五十三）年に発表されている。木村が『東勝寺鼠物語』を援用して、翻案説を否定した。その十四年後に書かれた論文である。

とうぜん、アラキは木村論文のことを、知っていた。それを読んだうえで、にもかかわらず、ユリシーズ伝説の翻案をことあげしたのである。アラキは、『東勝寺鼠物語』のつきつける難関を、こうきりぬけようとしていた。

『東勝寺鼠物語』と題された冊子の岡田による年代鑑定を、不運なことに木村は無批判《アンクリティカル》にうけいれて、道にまよってしまった……岡田は、物語の背景が……天文六年、一五三七年になっていると論述するが、話の書かれたのも一五三七年だと主張した点で、しかし重大《グリーヴアスリイ》なあやまりをおかしている。物語の年代とそれが書かれた年代を同一視《イクウエイト》したために、岡田は話が過去のできごとの回顧的な記述《レトロスペクティヴアカウント》であるという事実を、見おとして《ディスリガード》しまった。[*67]

アラキの言うとおり、『東勝寺鼠物語』の年代を鑑定したのは、岡田であった。木村が、それを無批判にうけいれたのも、たしかである。

そして、アラキは彼らの年代判定を否定した。なるほど、作品そのものは、一五三七（天文六）年のことをえがいているかもしれない。しかし、冊子が編述されたのは、ずっとあとなんだ、と。

アラキは、なんとしても、ザビエルによるホメロスの伝播説で、おしきりたかった。

『百合若大臣』の成立年代も、ザビエルの山口滞在よりあとでなければ、こまる。それより前に、「ユリワカタイシン」があるのは、まずい。そう考えて、『東勝寺鼠物語』の編述年代を、強引にあとへずらせたのだろう。

じっさい、アラキはそれが後世の回顧的な作品であることを、論証していない。証明しようとさえ、しなかった。証拠もないのに、そう主張しているのである。翻案説をつらぬくための強弁だなと、そう評されてもしかたはないだろう。

ほんとうのところは、しかし、どうだったのか。『東勝寺鼠物語』の制作年代は、やはり気になる。

さきほどは、アラキの主張に根拠がないとのべた。だが、『東勝寺鼠物語』を一五三七（天文六）年の編述だとする確証も、ないのである。「本書は天文六年の作と認めて支障あるまい」[*68]。岡田は、自分の論文で、そう書ききった。しかし、それも、有無を言わさぬ証拠があってのことではない。さまざまな状況証拠から、岡田がそう推論したというにとどまる。

『東勝寺鼠物語』の文中には、「天文六年」の制作をしめす字句が、二箇所ある。「継体天皇……壬寅よりは一千十六年」というのが、まずひとつ。それから、文字どおり「天文六」年としるされたところもある。

だが、それ以外の年代をしめす文言も、なくはない。たとえば、「人皇の御代はじまりて当今迄而百十三代」という記述がある。この「当今」は、霊元天皇の時代をさしている。つまり、江戸期、十七世紀後半の本だというのである。また、ほかにもちがう時代をさす言辞が、いくつか散見する。

岡田は、それらのすべてを縦横に検討した。そして、そのうえで、やはり一五三七（天文六）年の作品だと言うのである。

「とに角作者の本意が、本書の出来たのを天文六年とするにあることは認め」たい。[*69]他の年代は、考えにくいと言うのである。

回顧的な文献である可能性も、考えてはいた。「江戸時代のいたづら学者の手に作られたものでは無からうか」とも、自問している。[*70]だが、最終的には、こういう疑問をしりぞけたのである。

あとは、岡田希雄という学者の鑑識眼を、どこまで信頼するかという問題になろう。ほんとうに、彼の判断は正しかったのか。岡田の鑑定を盲信した木村に、落度がなかったと言えるのか。

もとより、それほど名の知られた学者ではない。国文学以外での知名度は、低いと思う。

といっても、専門の研究者から、評価されていないわけではない。むしろ、逆である。日本語の語彙に関する仕事などは、ある種畏敬の念をもって、ながめられている。

名誉や地位をもとめようとは、しなかった。自分のテーマを、こつこつと地道にほりさげてきた学者である。知るひとぞ知るといったところであろうか。そして、知るひとには、絶大な威光をはなっている。

木村紀子が、岡田の判断を無批判にうけいれたのは、まちがいない。しかし、専門の研究者で、岡田希雄の仕事を批判しきれるものは、あまりいないと思う。あの岡田さんが天文六年と言ってるんだから、天文六年でいいんじゃあないか。一種の権威主義で、そう了解されることは、おおいにありえよう。後進の木村が、岡田説に疑問をいだかなかったのも、無理はない。

その点で注目すべきは、ジェームズ・アラキの岡田評である。岡田は、「重大なあやまりをおかしている」。岡田は、これこれしかじかの事実を、「見おとして」いる。そう書ききって、篤学の岡田をきりすてているのである。

ひょっとしたら、岡田のかくれた名声を、知らなかったのかもしれない。知ったうえでの批判だとすれば、かなり勇気のある発言だといえる。いずれにせよ、国文学の学界にいる事情通からは、聞こえてきにくい指摘だと思う。外国人研究者ならではの、思いきったアピールだと、その点は前向きに評価したい。

ほんとうのところ、碩学の岡田にも、判断ミスがなかったとは言いきれないのである。くりかえすが、『東勝寺鼠物語』＝天文六年説には、決定的な根拠がない。あんがい、後世の回顧的な創造、それこそ偽書であるかもしれないのである。

そして、その可能性をしめしてくれたのは、アラキの一喝であった。なんとしても、百合若＝ユリシーズ起源説を、まもりたい。この執念が、岡田説の見なおしを要請したのである。もちろん、アラキのほうが正しいと言いたいわけでは、ぜんぜんないのだが。


日本文学史の通史を書く研究者は、ほとんどいない。書こうとする者も、すくなかろう。とりわけ、専門分化のいちじるしい今日では、それが困難になっている。

そんな状況のなかで、近年ふたりの研究者が、大部な通史を叙述した。『日本文学史』のドナルド・キーン、そして『日本文芸史』の小西甚一である。ともに、毀誉褒貶はあるらしい。しかし、そのとほうもない壮挙には、誰しも頭が下がると思う。

さて、小西は、その大著述で、『百合若大臣』にも、大きくページをさいている。そして、百合若＝ユリシーズ起源説のために、たいへんな熱弁をふるっていた。

国文学の世界では、いかにも古色蒼然としてうつる説である。とっくに衰退し、今はひとにぎりの比較文学研究者が、支持しているにすぎない。明治期以来のそんな東西交渉史の話へ、小西甚一がとつぜんとびついた。そのことでは、斯界へちょっとした波紋を、なげかけたものである。

小西じしんは、ジェームズ・アラキの論文を読んで、感銘をうけたらしい。著述のなかへも、アラキの立論を、ほぼ全面的にとりいれた。そして、つぎのように、ユリシーズ起源説とアラキへ、エールをおくったのである。

舞曲「大臣」はイエズス会士のもたらした『ウリクセス』を翻案の素材とし、それに日本で既存の部分モティーフを搗《つ》き合わせた――とするアラキ説の結論は、充分に支持されてよいと考えられる。[*71]

アラキは、山口でユリシーズ伝説が、日本へ伝達したと考えていた。一五五〇（天文十九）年に、宣教師ザビエルが、ユリシーズの説教を同地でおこなう。それを耳にした幸若舞の大夫が、翻案を思いつく。そして、翌年正月に、京都で「ゆり若」として上演させたというのである。

伝播から翻案、そして上演へとすすむまでの期間が、三カ月半しかみこめない。まことにアクロバティックな立論ではあった。慎重な研究者なら、たいていしりごみしてしまうだろう。しかし、南蛮経由の翻案説を維持しようとすれば、これしかない。

この大胆にすぎる解釈へは、さすがの小西も同意しきれなかった。アラキ説にたいしては、つぎのような留保も、しめしている。

幸若舞曲「大臣」がラテン系統訳の『ウリクセス』から出ていることはアラキ説のとおりで、疑うべくもないと考える。しかし、それが唯一の材源だったか否か、また三箇月以内で作られかつ京まで伝わることができたか否かについては、なお再考を要するであろう。[*72]

やはり、アラキの議論では、あぶなっかしいと思ったのだろう。じっさい、このままだと、かえって翻案説の支持者をなくしかねない面もある。これだけきわどい話をしなければ、翻案説はなりたたないのか。その点で、おそれをなして、撤退するものもでてこよう。ともかく、小西は、山口から京都へというコースに限定するのを、いやがったのである。

だが、どうだろう。たしかに、アラキ説は綱わたりじみている。しかし、これ以外に、どんな伝播経路の可能性があると言うのか。これしか筋道が思いつけない。だからこそ、アラキもザビエル経由の話で、うってでたのではなかったか。

小西も、じつは、ザビエルを重大なユリシーズ伝説の伝達者だと、考えていた。しかし、それが、三カ月半後にすぐ翻案、上演されたとまでは、きめつけない。つぎのように、翻案説としては一歩後退した見取図を、しめしていた。

オデュッセウス譚がシャヴィエルの来日した天文十八年七月から翌年十二月までの間に持ちこまれ、現存テクストと基本的には大差のない「大臣」が作られたと認めてよいであろう。それ以前の可能性は無いと考えたい……しかしまた、現存の舞曲「大臣」が三箇月以内で完成されたことも断定できないのであり、天文二十年よりあと、さらにオデュッセイア度の高い「大臣」へ改修されていった可能性もあろう。[*73]

『言継卿記』の「ゆり若」が、どのような筋立てになっていたのかは、わからない。日本へとどいていたというユリシーズ伝説も、どれだけ摂取されたのかは不明である。そもそも、日本伝来や、伝説の受容があったのかどうかも、謎だと言うしかない。だが、十六世紀の後半以後、物語は変貌、成長をとげていくと、小西は言う。また、よりユリシーズ色の強い、現存する『百合若大臣』になったと主張した。

この立場だと、「ゆり若」（一五五一年）の成立事情に、とらわれなくてもすむ。そこをあまり気にせず、事後的な翻案説でおしきれるようになる。そして、小西は幸若舞の『百合若大臣』を、ユリシーズ起源だと言いきった。アラキのような綱渡りはせず、より穏当に理屈をくみたてて。

ここで興味深いのが、『東勝寺鼠物語』にたいする小西の言及である。「ユリワカタイシン」の名もあるこの文献を、小西はこう位置づけた。

能の曲柄《がら》を脇、修羅、女、義理、鬼と分類した条がある。十六世紀末までは一日に十数番を演ずるのが普通で、右のような分類に従った五番立てが定着してくるのは、十七世紀後葉からである。しかし、十七世紀前葉には、そうした分類への志向が演能記録を通じて認められ、かつ「東勝寺鼠物語」が挙げる曲目のなかに、十七世紀中葉以後は上演されなくなってゆく稀曲がいくつか含まれるから、この作品の成立は、およそ十七世紀初葉であろうか。[*74]

岡田希雄が、一五三七（天文六）年の編述だとみなしていた。それを、十七世紀初頭、つまり江戸初期のものだと、言っている。先学の岡田とはちがう見解を、しめしているのである。

アラキが岡田に反対したときは、ゴリおしのような気配もあった。翻案説を主張したい一心で、『東勝寺鼠物語』の成立を、おくらせて考える。そんな御都合主義もあったことは、いなめない。

小西に、そういう面がないとは、言いきれないだろう。しかし、文面を見るかぎり、その判断は冷静である。

『東勝寺鼠物語』は、十七世紀初頭のスタイルで、能の演目を分類していた。そして、十七世紀中葉以後に上演されなくなったものが、記載されている。それは、この物語が十七世紀初頭に書かれたからである。一五三七（天文六）年、十六世紀前半に書かれたはずはないという。

こういう指摘には、天文六年説側からの応答があってしかるべきであろう。鬼籍にある岡田はともかく、きちんとした反論を読みたいと思う。

ところで、小西は十六世紀後半からの翻案説を、となえていた。それだけを論じたいのなら、「ゆり若」（一五五一年）以前の状況にこだわる必要はない。「ユリワカタイシン」が、かりに一五三〇年代からあったとしても、見すごせる。南蛮人との遭遇以前から、日本でも「ユリワカタイシン」は成立していた。だが、十六世紀後半には、ザビエルらの感化をうけ、ユリシーズ化がすすめられていく。この理屈で、つっきれたはずである。

にもかかわらず、小西は「ゆり若」（一五五一年）以前の百合若伝説を、みとめなかった。「それ以前の可能性は無い」と言う。ザビエルらとの接触がなければ、「ゆり若」も「ユリワカタイシン」も生まれない。日本産の原型があったというふうには、まったく考えなかった。百合若伝説については、初期のそれまでふくめ西洋産だととらえていたのである。

小西が、あえて碩学・岡田希雄の業績を否定したのも、そのためであろう。『東勝寺鼠物語』は、どうあっても後世の創作でなければならなかったのである。

とはいえ、その後世創作説は、けっこう説得力がある。自分の翻案説を、有利にはこぶための御都合主義的な強弁だとは、思えない。小西なりの学術的な判断から、この批判が展開されたと考えるべきであろう。くりかえすけれども、誠実な反論があるのなか、読ませてほしいものである。

すてがたい魅力

中世文学の専門家に、荒木良雄という研究者がいる。国文学の研究者にしてはめずらしく、百合若＝ユリシーズ起源説への共感を、かくさない。一九六九（昭和四十四）年の著述に、こんな指摘がある。

『言継卿記』天文二十年正月に、千秋万才の舞う「ユリ若少」が見えていることから、それがポルトガル人渡航以来、あまりに速い不可能の事ではないかと、一応断定を躊躇したのであったが、『百合若大臣』および『百合若説経』の検討を了った現在において、逍遙説を肯定すべきであるとの結論に達した。あまりに類似対応が多いのである。[*75]

荒木は、百合若伝説が、「著しく日本的」であるとも、書いている。[*76] この本へおさめた百合若論は、もっぱらそちらのトーンになっていた。国文学者らしく、学界における常套を、踏襲していたのである。

にもかかわらず、結論部分では、今紹介したような筆致を、しめしている。これだけ似ているんだから、翻案だろうというのである。

『言継卿記』の記述を前にして、ためらう気持ちもあった。だが、どうしても東西交渉史へのファンタジーが、すてきれない。数こそすくないが、国文学界にも、こういう研究者はいたのである。

ほかにも、幸若舞の研究で知られる荒木繁が、こんな言葉をのこしていた。

オデュッセイアーの物語がこの時代の日本に渡来したというにはあまりにも資料がない。しかし、一概に無稽といってしりぞけることもできないというのが、現状ではなかろうか……ホメーロスの叙事詩の影響を受けているという逍遥説には、やはり捨てがたい魅力がある。[*77]

まったくのぐうぜんではあろうが、ふたりとも荒木姓になっている。そう言えば、翻案説の現代における旗頭は、ジェームズ・アラキであった。なぜか、荒木という名の研究者が、この話を好意的にうけとめている。反対ないし黙殺が、学界の大勢をしめるなかで、この現象はめだつ。

もうひとり、荒木博之という言語学者のことも、紹介しておきたい。いわゆる国文学の専門家ではないが、彼もまた翻案説へのシンパシーを、語っている。

こちらの荒木は、一九八五（昭和六十）年に国立民族学博物館の研究会へ、まねかれた。そのおりに、討論の席で、翻案説をのべている。だが、けっきょく他の参加者からは、相手にされなかった。孤立を余儀なくされたのである。*78

荒木良雄、荒木繁、荒木博之、そしてジェームズ・アラキ。これら四人の荒木が、斯界の大勢にさからって、翻案説へ共感をしめしている。なんとも愉快なできごとである。

もちろん、荒木姓とユリシーズ伝説に、因果関係があるなどと言いたいわけではない。さきにものべたが、たまたまそうなったというだけのことであろう。ただ、これだけぐうぜんがかさなると、だまってはおられなくなってきた。書かずもがなのことかもしれないが、あえて四人の荒木を紹介したしだいである。

もうひとつ、翻案説の理解者について、補足的なことをのべておく。キリシタン史の研究者が、思いのほか好意的であることを、報告しておきたい。

以前に、キリシタン灯籠の話をしたことがある。石灯籠の一種で、形状の一部が、ラテン十字をほうふつとさせるようになっている。あるいは、マリアやイエスを連想させるような、人物像のほりこみがある。そんな灯籠を、しばしばキリシタン灯籠と、よんでいる。かつてかくれキリシタンが、信仰をたくした痕跡だとする俗説も、なくはない。

キリシタン史の研究者は、こういう話を、ほぼ全面的に否定する。声をあららげるような語調で、論難することもよくある。松田毅一や海老沢有道らの罵倒ぶりは、前にも紹介したとおりである。

さらに、彼らは、城郭の天守閣と天主教＝キリスト教をつなぐ見方も、きらっていた。織田信長の安土城は、ヨーロッパの教会建築から、空間設計のヒントをえていたという。キリスト教をもふくんだ天道思想が、そこでは建築化されていただろう。建築史家・内藤昌のそんな新説を、キリシタン研究者たちは、否定的にあしらっている。松田毅一は、この説がでた直後に、疑問の声をあげていた。海老沢有道も、『日本キリスト教歴史大事典』のなかで、批判的な言辞をなげつけている。

聖徳太子の伝説に聖書の感化を読む解釈は、比較的、共感をよせるものが多い。日本史の研究者には、これを支持する者がけっこういる。キリシタン灯籠説や天守閣＝天主教説よりも、数段有力な説だと言える。だが、これにも海老沢は、ネガティブなコメントをよせていた。

キリシタン史の研究者たちは、がいしてこういう話を好まない。よほどの確証がないかぎり、慎重にふるまう傾向をもっている。

にもかかわらず、海老沢は『百合若大臣』とホメロスのつながりを、こう評した。

これらを明確に証する段階までには達していないが、そうしたことがあり得ることは否定できない。[*79]

全面的な翻案説では、さすがにない。しかし、そうとう肯定的にふるまっていることは、たしかである。否定論が横行する御時勢に、これだけのことを言っている点は、重視したい。百合若＝ユリシーズ起源説などへは、よほどの好意があったと見るべきだろう。

そういえば、重久篤太郎も、この説を支持していた。やはりキリスト教史の専門家だが、百合若はユリシーズに由来すると、考えていたのである。これも同じく、否定論が大勢をしめていた時期に、表明された見解ではあった。

いや、それどころではない。重久は、ヴィトルヴィウスの建築書が、安土桃山時代にとどいていたとさえ書いていた。海老沢有道も、これと同じ誤解をしめしている。

どちらも、一建築家の冗談を、真にうけて。

おそらく、彼らも、基本的には文化伝播の話が好きなのだろう。東西交渉史には、ロマンを感じやすいのだと思う。だから、百合若＝ユリシーズ起源説などは、前むきにうけとめた。学界の大勢に、抗してでも。

だが、信仰とかかわる問題になれば、態度を一変する。とたんに用心深く、そして否定的になってしまう。こちらの場合は、学界の一般的趨勢より強い姿勢で、否定する傾向があるらしい。

キリスト教の影を、天守閣や石灯籠、聖徳太子伝説などに読みこむのは、もってのほか。キリスト教の信仰というものを、安易に考えられるのは、こまる。しかし、ギリシア古典が、『百合若大臣』に混入したという話は、おもしろい。信仰心からはなれるアイテムなら、東西交渉史のロマンも歓迎する。とまあ、そんな心情があるように思えてならない。

灯籠などの問題になると、彼らはおそろしく学術的にふるまう。たいへん厳格な姿勢をしめす。そこには、しかし信仰の問題を特別視する彼らの信条も、作用していないだろうか。学術以外の、一種宗教的な情熱もあると思うのだが、どうだろう。

余談だが、建築史家の内藤昌も、百合若＝ユリシーズ起源説を支持している。ユリシーズ伝説は、日本へたどりつくやいなや、すぐ『百合若大臣』になった。「今日の我々の想像を絶するが如きスピード」で、翻案が完了したとのべている。[*80] もちろん、南蛮人渡来の時期と、『言継卿記』の記事を、視野にいれながら。

ジェームズ・アラキの立論に、よく似ている。それが、アラキより二年も前に、安土城論の論文で、となえられていた。まあ、ザビエルの山口滞在にまでは、言及していないのだが。

内藤が、この説に執着した事情は、あきらかだろう。西洋の教会建築が、安土城の内部に翻案されている。この自説と近いセンスを、百合若＝ユリシーズ論に、かぎとったからだと思う。文学史方面からの、自説にたいする援軍にしたかったということか。

歴史を読みとく哲学者

『百合若大臣』とユリシーズ伝説の関係については、多くの学者が自論をのべてきた。それだけ興味ぶかい、ついついそそられてしまうテーマだったということなのだろう。

じつは、哲学者の和辻哲郎も、晩年の著作でこの問題をとりあげている。一九五五（昭和三十）年に書きあげた『日本芸術史研究』が、それである。

このなかで和辻は『百合若大臣』の外国起源説を、否定した。この物語は、日本文化の伝統にのっとって書かれている。まことに日本的な文学である。外国種と考える必要は、どこにもない。日本起源だとみなせば、それですむ、と。

和辻が、日本的だと判断したのは、たとえばつぎのような部分である。

千部の経の書写読誦の宿願を言い立てて、再婚の要求をそれとなく斥けるとか、やつれ果てて何人にも再認されなくなっている主人公が、並はずれた強弓をやすやすと取り扱って素姓を顕わしてくるとか、かわいがっていた鷹が人間以上の働きをするとか、故主に忠誠を守る翁や姥の存在とか、というような点は、他からの影響がなくとも、当時の日本人の想像のうちにおのずから浮かび出ることのできるものである。[*81]

また、百合若の説経本については、その日本的性格を、よりいっそう強調した。そして、ユリシーズ伝説との類似を、過小評価する。「鷹の話も、身代わりの話も、ユリシーズの話との類似などは感じさせない」。百合若の復讐譚も、「ユリシーズの求婚者殺しの世界とはまるで似寄りがない」などと。[*82]

こうして、和辻は舞曲『百合若大臣』を、日本起源であると判断する。日本的なエピソードが、この物語には横溢していた。だから、つぎのようにその起源は考えうると、言うのである。

（著者註：『百合若大臣』の）作者がそういうことを日本人の生活の中から直接に取り出してくる方が、ユリシーズの話の影響のもとにそういう想像に到達するよりも、はるかにやさしいであろう。[*83]

百合若の説経本については、舞曲よりいっそう日本的であると、解釈していた。とうぜん、そちらも、日本起源であるという結論に、おちつく。百合若伝説は、そのすべてが国産だということに、なったのである。

一見、日本的にうつるものが、じつは外来だという場合も、じゅうぶんありうる。たとえば、日本の習俗にふかく根ざす仏教も、さかのぼればインドが原産地となる。しかし、和辻はそういう可能性を考えない。日本的だから日本産だと言いきる。

さらに、和辻はホメロス受容の当否という問題を、ほとんど黙殺する。『聖教精華』や『ラテン文典』が、十六、七世紀の九州北部で、刊行されていた。ホメロスが日本へつたわっていたことは、明白である。『百合若大臣』の、すくなくとも部分的な翻案説に、蓋然性がないわけではない。

いや、『言継卿記』には、ずいぶん早い時期の「ゆり若」上演記録がある。この時代までに、南蛮渡来の伝説が翻案されていたとは、思えない。やはり、国産の物語だと考えるべきだろう。

一九三〇年代からは、そんな文献考証が、賛否の両派から提出されていた。百合若伝説の成立以前に、ユリシーズ伝説の伝播は、あり得たのか。それとも不可能だったのか。そのことをめぐる応酬が、なされてきた。

しかし、この点に関する言及が、和辻の本では見られない。ただ、作品が日本的であり、だから日本起源だという。そんな考察に、終始した。そして、物語の内容解釈、日本的だという読みでおしきった理由は、こうのべられている。

幸若舞曲の『百合若大臣』がポルトガル人の渡来以前にすでにできていたとすれば、問題は消散してしまうのであるが、それがどうもはっきりしない……だからやはり内容の上から、影響のあるなしを考察してみるほかはないのである。[*84]

幸若舞曲『百合若大臣』の成立時期が、はっきりしない。だから、その内容が日本的かどうかという吟味を、重視する。伝播と翻案をめぐる歴史考証からは、問題が解決されえないというのである。

だが、どうだろう。『言継卿記』の記録は、『百合若大臣』の出現が、けっこう早いことをしめしていた。日本起源説の和辻には、都合がよかったはずのデータだと言える。じっさい、多くの研究者は、この記録で外来説をあきらめていったのである。和辻も、これをつかって自論の補強にあてるという手は、あったろう。

にもかかわらず、和辻はそういう立論を、まったくしなかった。百合若伝説は、日本的か否か。ユリシーズ伝説と似ているか、いないのか。ギリシア的な要素が混入している形跡は、あるのかどうか。ひたすら、以上のような内容面の思考を、めぐらせていたのである。

けっきょく、和辻は哲学者だったのだろう。百合若伝説の成立をめぐる考証には、あまり興味がいだけない。しかし、その内容が日本的かどうかという解釈には、大きなウエイトをおきたがる。あるいは、そういう解釈のさえをしめすことに、著述家としてのプライドをもっている。そんな哲学者、あるいは解釈学徒だったのだと思う。

それにしても、和辻が一九五五（昭和三十）年に百合若論を書いたのは、ひっかかる。この時期には、百合若伝説の日本起源が、学界の定説となっていた。国文学でも民俗学でも、国産説が大勢をしめていたのである。

そんな時期に、日本起源論を高唱しても、学術的な意味はあまりない。すくなくとも、百合若研究にたずさわる学者からは、評価されにくいと思う。

もちろん、個々の箇所でしめされた日本的だという解釈に、新味はあったかもしれない。和辻も、そちらのほうをこそ、読んでほしいとねがっていた可能性はある。しかし、学界の潮流は、当時あきらかに日本起源説へむいていた。和辻の解釈も、けっきょくそれに順応したという印象がすることは、いなめない。

深読みかもしれないが、つぎのような想像もうかんでくる。

和辻は、学界の大勢が日本起源説にあることを、よく知っていた。そちらへ加担するかぎり、大きな反発はないだろうことを、見きわめていた。だから、安心して、日本的であるとする見立てを、乱発したのではないか。

この方向でなら、少々強引な解釈でも、失敗するおそれはない。やや、アクロバティックな読解でも、日本的だとさえ言っておけば、諒承されるだろう。百合若論では、安全地帯から解釈のさえを披露することができる。なにしろ、たいていの学者は、日本起源だと思っているのだから。

ひょっとしたら、和辻流解釈の妙技に、感心する読者がでてくるかもしれない。なるほど、こんな読みからも、日本的であることは語れるのか、と。とりわけ、学界事情にうとい一般読者からは、そうした読後感が見こみうる。

日本的だという解釈から、日本起源説へたどりつくのではない。日本起源説が隆盛をきわめているから、解釈も日本的だとする方向へそぐわせた。学界の趨勢から、日本的という解釈を逆算して、ひねりだしながら。しかし、著述の表面は、解釈のほうから結論がでたという体裁にしておいて。

もし、こんな操作を、意図的にやっていたのだとしたら。哲学者・和辻哲郎も、そうとうな知能犯だったということになる。そして、その可能性は、おおいにあると考える。

和辻は、この本で、百合若伝説に関する当代の学界事情へ、言及しなかった。『言継卿記』が、翻案説を衰弱させたことも、ふせている。百合若成立の時期は、「はっきりしない」などと書きながら。

いずれも、自分の解釈をきわだたせたいための伏線ではなかったか。和辻は、じゅうらいの研究へたよらずに、日本的だとする諸解釈を思いついていた。独力で、これだけのことを読みとった。そんな印象を、読書人にあたえるための工作がなされたのだと、どうしても思えてくる。

舶来説の全盛期に、これが論じられたのなら、誰もそんな邪推はすまい。だが、発表されたのは、日本起源説の時代であった。

形式的には、和辻が学界の大勢を知らなかったという可能性もある。しかし、四十ページにわたる百合若論を、和辻は書いているのである。それまでの諸説を読まなかったとは、とうてい思えない。

『日本芸術史研究』のなかには、こんな一節もある。「柳田国男氏の好意によって、山口麻太郎氏校訂『百合若説経』を見ることができた[*85]」。どうやら、調査の途上で、柳田國男と言葉をかわすことも、あったらしい。すでに坪内説をきりすてる方向へむいていた柳田と。そんな柳田から、ユリシーズ翻案説はなりたたないと聞かされることも、あったろう。

もし、和辻が日本起源説へながれていく学界潮流を、知らなかったのだとしたら。その場合は、和辻を不勉強で怠惰な著述家だったと、そう見なすしかないだろう。和辻には、そんなナイーブさより、知能犯としての知性をみとめたい。

日本起源説の全盛時代に、和辻は百合若伝説の日本的性格を、強調した。では、船来説が主流をなしていた時代に、どんなことを言っていたのだろう。若き和辻の言動は、やはり気になる。

ざんねんながら、船来説の全盛期には、『百合若大臣』のことを論じていない。このテーマには、どうやら興味がなかったようである。それでも、坪内逍遙が最初に船来説を公表したときは、おどろいたらしい。『日本芸術史研究』には、つぎのような回想も、しるされている。

この議論の話を聞いてまず感じたのは、ホーマーの影響を認め得るような作品が日本にあるという事実に対する一種の驚きであった……そのくせわたくしは、『百合若大臣』という作品を探し出して読んでみようという努力を全然しなかった。当時のわたくしにとっては、容易に近づけない日本の古い作品などよりも、その気さえあればすぐに翻訳で読むことのできるホーマーの作品の方が、はるかに強く関心を刺激したからである。*86

坪内の船来説じたいに、違和感はいだかなかった。晩年とはちがって、いちおう真にうけていたという。

しかし、だからといって、『百合若大臣』を読んでみようとはしなかった。たとえ、ホメロスからの感化があったとしても、日本の迂遠な古典は読む気がしない。本家本元のホメロス、ギリシア古典のほうに、ずっとひきつけられていたというのである。

じっさい、そのとおりではあったろう。若いころの和辻は、英文学を中心としたヨーロッパの文芸にしたしんでいた。ワーズワース、コールリッジ、キーツ、バイロンなどが、お気にいりであったという。もちろん、こういった著述家をとおして、ギリシア古典にも、愛着をいだきだしていた。逆に、日本の古典などへは、目がとどきにくかったと思う。

和辻は、一九一〇年代後半から、日本の文化史に関する本を、書きだしている。一九一九（大正八）年には、『古寺巡礼』を上梓した。その翌年にも、『日本古代文化』を、つづけて刊行させている。このころから、日本文化史への関心が高まりだしたことは、うたがえない。この現象を、和辻の「日本回帰」として位置づけるむきもある。

だが、当時の和辻には、一種のとまどいもあった。けっして、ストレートに日本文化を称揚する方向へ、むかっていったわけではない。そのことは、たとえばつぎのような妻にあてた書翰からも、読みとれる。留守中の妻に『日本古代文化』の校正をたのんだ、一九二〇（大正九）年の手紙である。


日本の古い事は希臘《ギリシア》や欧洲の事ほど偉大ではない。しかしそれが、我々の血の中に知らず知らず存在している祖先のたましいだと思うと、妙な愛着が生ずる。[*87]

ヨーロッパへのコンプレックスが、ぬぐいさられたわけではない。ギリシア古典への憧憬も、あいかわらずいだきつづけている。和辻は、そんな姿勢をたもちつつ、日本文化史へ目をむけだしていたのである。

おそらく、そのせいだろう。この時期に和辻が書いた日本文化史の論考は、西洋への屈折した想いを、反映させている。『古寺巡礼』などは、そうした著述の典型例にあげられよう。

この本は、大和とギリシアの古代美術が、たがいに通底しあうと論じていた。和辻は、飛鳥から天平の仏像、絵画、建築が、ギリシア的であるという。そして、それはじっさいにギリシアの影響が、日本へとどいていたからだと主張した。ユーラシア大陸をとおって、ギリシア文明が東漸し、古代の奈良へ到達する。だから、大和の古美術は、ギリシア的な様相を呈しているのだというのである。

もちろん、ギリシア文明が、そのまま日本へとどくわけはない。東方へつたわるあいだには、インド、中央アジア、中国などを経由する。その過程で、西方の文明も東方風に変容させられたと、みなすべきだろう。もし、日本へギリシアの文明が、たどりついていたとしても……。それは、インドや中央アジア風にそめあげられ、東方的な姿へ変貌をとげていた。こう考えるのが、妥当な筋道だと思う。

しかし、和辻はそうした見方を、うけつけない。日本がうけいれたのは、かなり純粋なギリシア文明だったと、言っている。

ユーラシア大陸を通過したのに、どうしてギリシア文明が、そのままとどくのか。誰しも、疑問をいだくところだろう。だが、和辻はつぎのような理屈で、その東漸論をおしきっている。

> 初唐の支那人は……印度《インド》風のデカダンの香気に対して、わりに冷淡であつた。さうしてただ希臘《ギリシア》的の偉大性と艶美とのみを取り入れた。[*88]

中国人は、インド的要素をきらっていた。だから、その部分をあらいおとしたうえで、西方からの文明をうけいれる。こうして、彼らは、インド的に変形される前の文明を、受容した。だから、極東へは、ほんらいのギリシア的な文明が、ほぼそのままつたわることになる。日本にも、とうぜん、それがとどいていたと言うのである。

屁理屈だというべきだろう。あぜんとさせられるような話の展開ではあった。そうまでして、ギリシアと日本をつないでみたいのか。なにがなんでも、日本の古代はギリシア的なんだと言いたがる。その情熱に、ほとほと感心させられる。

ともかくも、和辻は「希臘《ギリシア》」のほうが、「日本の古い事」より「偉大」だと思っていた。そして、そういう気持ちをのこしながら、なおかつ大和の古美術を評価しようとする。そのためには、大和がギリシア的であってくれなければ、ならなかったのである。『古寺巡礼』は、そんな和辻のファンタジーを、露骨に投影させた著作であった。

ギリシアへあこがれる。西洋を「偉大」だと考える。二十世紀初頭までは、こういう拝外精神が、日本文化史研究に幾多の舶来説をもたらした。

聖徳太子伝説に、新約聖書の感化を見ようとする。法隆寺の胴張り柱を、ギリシア建築のエンタシスが東漸したものだと、位置づける。あるいは、百合若伝説を、ユリシーズ伝説の翻案だとみなしてしまう。そういった諸説が、たくさんうみだされた時期なのである。

若年の和辻も、そんな時代精神を共有しあっていたのだと、いうしかない。

なるほど、このころの和辻は、『百合若大臣』に言及していなかった。日本文化史へは、古代からとりくみだしていた和辻のことである。中世末期の幸若舞には、まだ関心がもてなかったのだろう。

しかし、当時の和辻は、百合若＝ユリシーズ起源説と、同じ方向をむいていた。潜在的には、賛成者であったとみなしうる。すくなくとも、このての話をよろこべる感受性は、そなえていたと考えたい。

前にものべたが、西方からの様式伝播をうんぬんする通念は、学界にもあった。十九世紀末からの美術史、建築史は、ヘレニズムとの接点を、ふつうに語っている。和辻の『古寺巡礼』も、こういう一般的な理解を、反復していたのである。より大げさに、そしておくめんもなく。

しかし、その学界も、じつは一九一〇年代なかごろから、かわりだしていた。ギリシア、および西方とのつながりは、しだいに強調されなくなっていく。

そのきっかけとなったのは、インド美術史の認識が、あらためられたことにある。インド、とりわけベンガルの民族主義が、高揚したためだろう。一九一〇年代には、外国からの影響を軽視したインド美術史が、喧伝されていく。インドの独自性を主張した、排外的な歴史記述が普及した。

西洋の美術史家も、こういう見方を肯定しはじめる。たとえば、古代ギリシア文明の伝播を強調しすぎることが、反省されだした。そして、インドのオリジナルな美術に、より深く目をむけだす。

この学界趨勢は、日本の美術、建築史学にもおよんでいく。ギリシアからの感化が、インドで軽んじられてきた。そのことと歩調をあわす傾向が、できてくる。日本でも、西方からの伝播を、低く見つもるようになってきたのである。

一九一〇年代後半には、その傾向がはっきりする。インド以西には、古代日本美術の源流をもとめにくくなってきた。西洋をきりはなした、アジア美術史の文脈で語ることが、ふえてくる。一九二〇年代後半からは、やがて日本の独自性も、力説されだした。

『古寺巡礼』は、一九一九（大正八）年の本である。一九一〇年代の末期に、ギリシアとのつながりを特筆した著作であった。

この時期の主張だとすれば、少々流行おくれの観があることはいなめない。たしかに、まだ、西方へルーツをもとめる学界人も、残存してはいる。しかし、このころには、その立場が弱まりだしていた。やがては、すっかり衰退してしまうだろう図式だったのである。

和辻がおおげさに肩入れをしたのは、そんなすたれゆく議論であった。退潮のきざしが見える説。いずれは敗退していく説を、ロマンティックにうたいあげていたのである。

のちの和辻は、この本をどう感じていただろうか。学界は、どんどん『古寺巡礼』の見取図から、はなれていく。おかげで、学術的には、すっかりアナクロめいた存在となった。それを自覚していただろう和辻には、羞恥心もあったと思う。さぞかし、こういう若書きの本を、とりわけ学者の前では、はじていただろう。

あとで、『古寺巡礼』の改訂版をだした和辻は、その序文でこう弁明していた。すなわち、「学問の書ではない」のだ、と。また、「この書をはずかしく感じている」とものべている。[*89] 若気のいたりだったということか。もっとも、若さにはそれなりの魅力もあって、一般読書人からは歓迎されていたのだが。

とにかく、『古寺巡礼』以後の和辻は、執筆姿勢をかえていく。日本文化のなかに、西方からの感化を読みとく筆法は、ひかえだす。すくなくとも、それを高唱することはなくなった。文化伝播というテーマへは、慎重にかまえることが、ふえてくる。おそらく、『古寺巡礼』でのフライングを、反省してのことだろう。

『日本芸術史研究』の和辻は、ユリシーズ伝説の伝播を否定した。ギリシアの古典が、日本へたどりつくという話に、軽々しくとびつかない。東西交渉史のロマンは、いましめる方向で話をまとめている。こういう姿勢も、『古寺巡礼』の若書きをくいる気持ちと、つながるのかもしれない。

和辻哲郎に『風土』という著作があることは、よく知られていよう。一九二〇年代後半から書きだされ、一九三五（昭和十）年に刊行された。『古寺巡礼』とならんでもっともよく読まれる、和辻の代表的な著作である。

このなかで、和辻は世界の文化を、風土のちがいから、大きく三つに分類した。すなわち、モンスーン地帯であり、砂漠地帯であり、牧場地帯である。そして、それぞれの文化が、風土的要因によって規定される面を、強調した。

日本は、なかでもモンスーン型にぞくすると、和辻は言う。さらに、夏の台風と冬の大雪も、日本の風土を大きくかたちづくっていると、指摘する。そのため、日本人と日本文化は受容的、忍従的な色彩をおびるようになったらしい。

こういう気候条件は、牧場地のヨーロッパと、ずいぶんちがっている。ヨーロッパでは、モンスーンのように、自然が人間を威圧しない。いたって温順にできている。ヨーロッパ的合理精神は、こういう風土を背景にして形成されたのだと、和辻は考える。とりわけ、地中海、ギリシアの気候に、和辻はその典型を見いだした。

風土論じたいの当否を、ここでは問うまい。ばかばかしいとみなすむきもあろうが、とりあえず不問にしておこう。

とにかく、和辻は日本とヨーロッパの風土が異質であることを、強調した。ギリシアと日本は、風土条件がちがうとのべていたのである。そのことを、まず第一に確認しておきたい。

ここで、もういちど『古寺巡礼』の記述を見てみよう。じつは、『古寺巡礼』にも、風土論をのべたくだりがある。日本とギリシアを対比させたところもあり、その部分はこうまとめられていた。

希臘《ギリシア》から東、波斯《ペルシア》も印度《インド》も西域も支那も、日本ほど希臘に似たところがない……気候や風土や人情に就いて……日本と希臘とは極めて相近接してゐるとも考られる。大陸を移遷する間に遂に理解せられなかつた心持が、日本に来つて初めて心からな同感を見出したといふやうなことも、あり得なくはないと思ふ……そこに希臘人の美意識が遥かなる兄弟を見出すのである。*90

ギリシアの文明は、ユーラシアを東漸して、日本へ到着した。だが、そのとちゅう、インドやペルシアでは、あまり理解されえない。ギリシア文明が、もっともよくうけいれられたのは、極東の日本であった。日本とギリシアは、気候風土がよく似ている。

そっくりだと言ってもいい。だから、日本こそが、西方の文明を真に受容したというのである。

『古寺巡礼』では、以上のように、日本とギリシアの風土が同一線上で語られる。しかし、『風土』になると、異質性が力説されだした。十数年の期間をへて、和辻の風土理解は、反転したのである。

どうやら、『風土』のころには、『古寺巡礼』風の文明東漸史観が、雲散したらしい。一九二、三〇年代をつうじて、和辻の思想はかわっていったということか。晩年の一九五五（昭和三十）年に、『日本芸術史研究』があらわされる。そこへいたる下準備、精神の変容は、そのころからすすんでいたようである。

『日本芸術史研究』の話を、つづけよう。

和辻は、このなかで『阿弥陀胸割《あみだのむねわり》』という古浄瑠璃の作品を、論じている。その論法には、百合若論ともつうじる部分があり、なかなか興味ぶかい。

本題へはいる前に、『阿弥陀胸割』のあらすじをのべておこう。

天竺、インドに、難病の子供をもつたいへんな金持ちがいた。彼は、子供の治療に生肝《いきぎも》が提供できる女の子を、もとめている。この要請を、天寿姫という少女が、承諾した。肝はさしあげるから、そのかわりに仏堂をたてて、そこへ阿弥陀三尊を安置してほしい。そんな条件をつけて、金満家の注文におうじたのである。

もちろん、死を覚悟したうえでの決意ではあった。その悪業ゆえに、釈尊から罰せられた父の菩提を、とむらおうとしたのである。

不思議なことに、肝をきりとられたはずの天寿姫は、死ななかった。少女は、あらたに建立された仏堂で、弟とともに安眠しているところを見いだされる。そして、二人を前にした阿弥陀像は、胸がきりさかれ、そこから血をながしていた。仏像が少女の身代わりとなり、その命をすくうという、きわめて宗教的なドラマである。

上演の記録は、一六一四（慶長十九）年のものが、いちばん古い。おそらく、十六世紀末から十七世紀初頭のころに、できあがったのだろう。

この『阿弥陀胸割』を、和辻哲郎はこう評した。

『阿弥陀の胸割』が操り浄瑠璃で演ぜられていたころから六十年ほど前に、フランシスコ・デ・シャビエルがキリスト教を日本にもたらし、それ以来十字架上の血みどろの救世主の姿は、日本人の眼にも親しいものとなっていた。その結果として『阿弥陀の胸割』のような作品が現われたのであるかどうかは、わたくしにはわからない。[*91]

十字架へかけられたイエス・キリストのイメージが、阿弥陀に投影されたかもしれない。和辻はここで、そんな可能性を提示する。さらに、阿弥陀が少女の身がわりとなって、血をながしたことへも、目をむけた。その構図は、「人類のための身代わりである」イエスを、しのばせるというのである。[*92]

イエス・キリストのイメージが、『阿弥陀胸割』へ翻案されたのではないか。和辻は、そう書いて東西交渉史への好奇心を、かきたてる。

しかし、すぐそのあとに、おおいそぎでこの見解を否定した。一見、キリスト教風にうつるこの物語も、じつは日本的なんだと、前言をひるがえす。こんなふうに。

この作は、他から孤立したものではなく、室町時代の物語のなかに流れている一つの潮流を代表するものと見られ得るであろう。その潮流というのは、苦しむ神あるいは死んで蘇る神を描いている多くの縁起物語に現われているものである。たとえば『熊野の本地』『厳島の縁起』『三島』などがそれである……こういう潮流のなかに立って見れば、胸を割かれて血みどろになっている阿弥陀如来の姿も、決して偶然ではないであろう。[*93]

わざわざ、南蛮経由の舶来譚である可能性を、さししめす。そして、そのうえで、それを否定してみせる。自分は、安直な東西交渉史から、距離をおく。それよりは、日本文化史の伝統という文脈で、ものごとを考えたい。そんな意志が、これ見よがしにしめされたくだりだと、評せよう。

『阿弥陀胸割』に、キリシタンの感化が読めるかどうか。このことを、和辻以前に問いかけた学者はいなかった。和辻こそが、はじめてこの着眼を、学界へもたらしていたのである。

それだけのアイデア、自分がひねりだしたせっかくの発想を、あえてくつがえす。『日本芸術史研究』の和辻が、どれほど排外的であったかを、読みとれよう。そして、日本固有文化論へむかうそんな情熱は、百合若解釈にも投影されていたのである。

なお和辻の百合若論と『阿弥陀胸割』解釈がつうじあうことは、山折哲雄に示唆された。『和辻哲郎全集』の月報へおさめられた文章が、参考になったことを、のべておく。[*94]

ついでに紹介しておくが、そのなかで山折は和辻の百合若論を、批判的にあつかった。和辻は、『百合若大臣』の日本起源を証明できていないと、不満をあらわしている。[*95]ひょっとしたら、山折も百合若＝ユリシーズ説が、好きなのかもしれない。東西交渉史のロマンへは、開放的に接している学者なのかなと、これを読んで想像した。

『阿弥陀胸割』に話をもどす。この古浄瑠璃をめぐる和辻の解釈に、歴史家の林屋辰三郎が、妙な感想をしめしている。一九六四（昭和三十九）年のコメントである。それをつぎに、紹介しておこう。

さいきん和辻哲郎博士が『日本芸術史研究』のなかで……「阿弥陀の胸割」という操浄瑠璃をとりあげて、興味ふかい意見を出していられる……胸割阿弥陀の身代り像を十字架上の救世主の像に対比させながら、このようなきわめて例外的な阿弥陀像をおがむことの背景に、切支丹の信仰というものを考えようとされるのである……和辻博士のいわれるような背景も、あながちに根拠なしとはいえまいと思う。*96

かなり一方的な読解である。和辻は、『阿弥陀胸割』が日本産であることを、しめそうとしていた。舶来の可能性は、その前おきとして、否定されるために、語られている。すくなくとも、舶来説だけが展開されていたわけでは、けっしてない。

だが、林屋はそんな話にとびついた。おそらく、和辻の本を、あまりていねいには読まなかったのだろう。あとで、国産論へ修正されたところは、見すごしたにちがいない。そして、『阿弥陀胸割』のキリシタン起源という話だけを、記憶にとどめたのである。

けっきょく、林屋も、こういう話が好きだったのだろう。そういえば、安土城が西洋の教会に由来するという説をも、林屋は支持していた。エンタシスの日本伝来説を聞いてから歴史が好きになったと、告白したこともある。[*97]

『阿弥陀胸割』に関しても、われをわすれて、船来説へつっぱしったのだろう。和辻への誤読は、歴史家・林屋辰三郎のそんな資質を、物語っているように思う。

他人の論文を、自分にひきつけて、読みあやまる。この点では、しかし『日本芸術史研究』の和辻にも、同じミスがないわけではない。

たとえば、先学の新村出にふれた指摘などが、そうである。

新村が、「南風」(一九一〇年)という論考を発表していたことは、すでにのべた。ユリシーズ伝説は、カモンエスという詩人によって、極東へもちこまれる。そして、カモンエスのいたマカオを経由して、日本にも伝播した。『百合若大臣』は、こうしてつたわった船来の伝説から、つくられる。二十世紀初頭の新村は、そんなファンタジーをたのしんでいたのである。

この新村説を、和辻はしかし船来説だとうけとらない。つぎのように、中立的な意見であると、位置づけている。

これが新村氏の説である。氏はルシアダスと百合若伝説との間に関係があるとも、ないとも、言っていない。いわんやユリシーズと百合若とが関係を持つとも、持たないとも言っていない。もしそこに関係があるとすれば、こういう仕方においてであろうというだけである。[*98]

なるほど、新村にもそう思わせるような記述はある。「若《も》し果たして百合若伝説がオヂッソイスの話から出たものとすれば……[*99]」。以上のような筆法を採用していると ころが、ないわけではない。

しかし、だからといって、「南風」の新村を中立論者だとみなすのは、無茶である。新村は、うたがいようもなく、舶来説と坪内逍遙への好意をしめしていた。じっさい、新村じしん、後年になってこんな懐古談も、のこしている。「百合若伝説はポルトガル人に依つて日本へ入つたのであらうといふことを書い」た。それが、「南風」という文章だったのだ、と。[*100]

そんな「南風」を、中立的な論考として、むりやり位置づけようとする。新村を敵対する側へまわしたくないというような配慮が、和辻にはあったのだろうか。いずれにせよ、とんでもない文章読解ではあった。

色メガネということなのだろう。他人の意見を、自分にとって都合のいいように、読みかえたがる。そんな性癖は、誰にもいやしがたくそなわっているのだと思う。たとえ、学者といえども、である。この本にだって、そういう部分がないと言いきれる自信はない。

つつしむべき飛躍

現代の国文学者で、百合若＝ユリシーズ起源説に好意的なものは、そういない。たいていの研究者は、否定的に考えている。この話をもちかけると、頭から見下したようにふるまうひとも、すくなくない。

中世文学研究の永積《ながづみ》安明などは、つぎのような言辞さえ、しめしていた。

幸若の「大臣」……は、かつてギリシャ叙事詩の主人公ユリシーズの影響さえ考えられたほど英雄的な大臣百合若を中心とする遠征と復讐の語りである。*101

幸若舞の『百合若大臣』は、たいへん雄大な英雄の物語であるという。そのことを言うために永積は、百合若＝ユリシーズ起源説を、もちだした。「かつて」は、「ユリシーズの影響さえ考えられたほど」なんだ、と。

なんとも、この説を小馬鹿にした書きっぷりである。今さら、ことあらためて否定する必要は、どこにもない。とっくの昔におわった話だと言うのである。

国文学者たちの冷淡な対応は、いくつかの文学史事典からも、うかがえる。つぎに、戦後の事典類から、この問題へ言及したものを、いくつかひいておこう。

「百合若物語」……がキリシタン文学、或は、その教育の影響とは断ずることができず、またその確証もない。[*102]

賛否両論がある。現在は否定論が大勢を占める……現状ではユリシーズ翻案説は説得性に欠けているると見るべきであろう。[*103]

なかには、ユリシーズ起源説を「無稽」と断定したものさえあった。[*104]

もちろん、その是非にまったくふれていない文学史事典も、けっこうある。数からすれば、そちらのほうが、多かろう。しかし、言及のない事典でも、大半は国内的な文脈で、伝説の成立を論じている。言外に、ユリシーズ説を否定していると、言ってよい。あるいは、わざわざことあげせずに、黙殺したということか。

民俗学の事典でも、同じような傾向は読みとれる。柳田國男の『民俗学辞典』が、翻案説を正面から否定していたことは、すでにのべた。「坪内逍遙の説は誤りである」と、ここでは明記されていたのである（一九五一年）。

それ以後の事典も、否定、あるいは黙殺といった態度に終始した。なかには、つぎのように言いきったものさえある。

百合若説話が成立するにあたっては、様々な原拠が想定できるようであるが、いずれにしろ、『オディッセイア』を原拠とする説は、手続き的にも問題で、百合若説話そのものの性格を、見誤る恐れがある。[*105]

事典への執筆にさいしては、中立的な表記をこころがけるべきだとされている。学界内に対立のある場合は、どちらかへ加担しすぎないことが、要請される。にもかかわらず、百合若伝説に関しては、日本自生論が主流をしめている。あえて、翻案説をひきつつ、これを批判する事典もずいぶんある。

国史学方面でも、事情はかわらない。やはり、百合若＝ユリシーズ起源説は、旗色が悪くなっている。

もっとも、いくつかの例外が、まったくないと言うわけではない。翻案説に好意的な事典も、若干は刊行されている。管見の範囲で目についたものが三点あり、ここへそれらをあげておく。

まず、『演劇百科大事典』が、「百合若物」という項目の末尾で、こうのべていた。一九六一（昭和三十六）年の言及である。

ちなみに坪内逍遙は、この百合若伝説の本源はギリシア神話の「ユリシーズ」にあるのではないかと説いている。*106

坪内逍遙に、ユリシーズ伝説からの翻案説があることを、しるしている。その是非については、まったくコメントをしていない。ただ、そういう説もあると書いているだけである。前向きに、これを支持しているわけではない。しかし、たいていの事典が否定的である現状にかんがみれば、好意的なほうだと評しうる。

ところで、この事典を編纂したのは、早稲田大学の演劇博物館であった。例の「坪内博士記念」と銘うたれた博物館が、まとめあげた著作である。著作権者は財団法人逍遙協会。つまりは、坪内をパイオニアとあおぐ、演劇関係者たちの本にほかならない。

坪内の説が、否定的なあつかいをうけずにしめされている。その背景に、編集者側の政治的な配慮はあったかもしれない。坪内逍遙の名は傷つけたくないという思惑から、こういう記述になった。その可能性は高いと思う。

しかし、たとえそうであっても、坪内説を肯定的に提示することは、できなかった。どれほど、坪内びいきの感情があったとしても、これをうのみにするのはむずかしい。けっきょく、一説として披露するぐらいが、せいいっぱいのところだったのだろう。

逍遙協会の本なのに、坪内説を肯定しきれない。そのあたりに、この説がおいこまれたくるしい状況も、うかがえよう。坪内を支援したいという、そんな気持ちもあったにちがいない文章ではあった。しかし、皮肉なことに、そこからは坪内説の逆境が、読みとれる。

つづいて、岩波の『日本古典文学大辞典』から、ひいておこう。ここでも、ユリシーズ起源説は、否定されていなかった。「いまだにこの説をめぐって賛否両論がある」[*107]。「百合若大臣」の項目では、以上のように中立的な立場がとられている。

じっさいには、否定論のほうがずっと強い。にもかかわらず、賛否の両論を互角であるかのように、記述する。これもまた、ユリシーズ起源説を軽くはあしらわない言説だと、評せよう。とはいえ、そんな文章でも、全体の流れは、日本国内発生説の文脈になっているのだが。

なお、これを書いたのは、幸若舞を研究テーマとする荒木繁であった。荒木姓の研究者に、翻案説好きの多いことは、既述のとおりである。『日本古典文学大辞典』の荒木繁も、そのひとりにほかならない。ここでも、翻案説をむげにはきりすてたくないという思いが、はたらいたのだろう。やや好意的な評価になったのも、そのためだと思う。

最後に、日本近代文学館の『日本近代文学大事典』を、紹介しておきたい。木村毅が「翻案」という項目で、以下のように論じている。

日本文学の翻案は……西洋からの伝来に考察を限ると、まず筆頭にあげねばならないのは『百合若丸』の物語で、原話はギリシアの古代詩ホーマーの『オデッシイ』（ラテン名『ユリセス』）である。[*108]

ユリシーズ起源説を、これだけどうどうとうちだした事典は、ほかにない。まったく例外的な文章だと言える。

中世文学の専門家ではない木村だから、こういう筆法になったのか。近代文学の事典だけに、中世がらみのフライングは、おこりやすかったかもしれない。

木村毅は、博識をもって知られる学者である。海外の文献にもくわしい。比較文学方面の仕事も、たくさんある。東西文化交渉史のロマンにひかれる気持ちも、国文学畑の研究者より強かろう。

じっさい、木村は若いころから、百合若＝ユリシーズ起源説を支持していた。「坪内博士の推断は間違ひはないやうな気がする」。一九二六（大正十五）年にも、そう書いている。このことは、前にものべた。その姿勢を、二十世紀後半の翻案説が衰退した時期にも、たもちつづけていたのである。『日本近代文学大事典』でも、それを発露させたのだろう。

しかし、こういう言及から、学界の一般的な趨勢をおしはかるのは、まちがっている。木村の個人的な見解がしめされた。あるいは、比較文学畑の一部にかぎられた解釈が、提示されている。以上のように、みなすべきであろう。権威ある事典にも、かたよった記述はあるということか。

もっとも、木村の議論があやまっているという確証は、どこにもない。学界の大勢へは、たしかに背をむけている。しかし、そちらのほうが正しいという可能性も、否定はしきれない。

事典をつかいこなすのも、なかなかむずかしいことが、よくわかる。

百合若＝ユリシーズ起源説は、二十世紀初頭に出現した。そして以後二十年ほどは、うごかしがたい説として、学界に君臨する。

様子がかわりだしたのは、一九二〇年代末期からである。このころから、民俗学や国文学の領域で、百合若伝説の国内発生論が擡頭した。二十世紀のなかばごろまでには、立場がすっかり逆転する。翻案説は学界のかたすみへおいやられ、国産説がオーソライズされてきた。今でも、基本的にはこの状態がつづいていると、言えるだろう。

国産説の浮上には、いろいろな要因があった。まず、ある種のナショナリズムにうらうちされた部分は、あったろう。すくなくとも、日本文化史上に舶来種を想定したがる拝外精神は、おとろえた。いわゆる一国民俗学の成立も、このことと無縁ではないだろう。国文学の領域でも、似たような傾向はあったのだと思う。

つぎに、『言継《ときつぐ》卿記』の「ゆり若」上演記録が見いだされたことも、大きく作用した。これがあるために、翻案説がほんらいなら好きなタイプの研究者も、口をつぐまされる。翻案説に不利な文献がでてきた以上、そちらのほうはあきらめざるをえなくなる。

時代精神のむきが、国産説をあとおししはじめた。そして、歴史研究の実証的な面でも、国産説に有利な状況ができてくる。これで、翻案説はおとろえたと、のべてきた。

あとひとつ、人文諸学の学術的なてつづきがととのいだしたことも、あげられよう。二十世紀初頭までの論文を読むと、安直な伝播論の多さに、おどろかされることがある。ことなったふたつの文化圏から、たがいに似かよったアイテムを見つけだす。そして、類似の理由を、深く考えもせず、文化伝播論でかたづける。そういう立論を、よく見かける。

いわく、法隆寺の胴張り柱は、ギリシアのエンタシスに由来する。三本の矢をめぐる毛利元就の教訓は、イソップ童話から派生した。天稚彦《あめのわかみこ》の物語は、エロスとプシュケの神話がルーツになっている……。

伝播経路を実証的につきとめたうえで、そう論じるわけではない。とにかく、似ているから伝播があったのだろうと、想像する。それだけの研究が、学界でまともにとりあげられることも、ままあった。人文諸学の学術水準が、今とはちがい、その程度にとどまっていたのである。

こういう風潮は、しかし、時代が下るにつれて弱くなる。学問のてつづきがしっかりしてくるので、かんたんには伝播のロマンを語れない。よほどたしかな証拠でもないかぎり、つつしまざるをえなくなってきた。

百合若＝ユリシーズ起源説が下火になったのは、そんな趨勢のせいでもあろう。この点について、神話学の松村武雄が、おもしろいコメントをのこしている。松村は、以下のような理由で、百合若＝ユリシーズ起源説に反対するという。一九五四（昭和二十九）年の指摘である。

「比較すること」に於ける飛躍に対して厳しく戒慎したい。或る二つの民族の或る二つの説話が、その話根や契機の若干に於て類同を示してゐるとき、直ちに二者を同一話とし、一を他の伝播と断ずる学徒が少くない……百合若伝説を目して希臘《ギリシア》のユリセウス伝説の、我が朝への渡来物と断ずるが如き……自分の到底敢てし得ない離れ業である。*109

ちょっと話が似てるからと言って、すぐ伝播論をもちだすのは、よくない。百合若＝ユリシーズ起源説など、論外だというのである。さらに、松村はこんなふうにも、その自論をつづけていた。

百合若伝説でさへも、心ある学者たちは、これをユリセウス伝説と同一物とすることを否定してゐる……一体異民族間の二つの説話を同一物と推断するには、甚だ綿密周到な検討が必要である……心もとない似寄りだけを拠所としての同一視は、全く非科学的であるといふ他はない。[*110]

軽はずみな伝播論をいましめる姿勢が、はっきりうちだされている。心ある学者なら、ユリシーズ伝説とのつながりなど、考えるはずがないというのである。

同じ神話学の領域で、松村の先輩に高木敏雄という学者がいた。いっぱんには、高木がきりひらいたこの分野を、松村が発展させたとされている。

もっとも、その高木は、伝播論をそれほどきらっていなかった。けっこう気楽に、論じたこともある。紹介ずみのことだが、坪内説の発表後にも、こんなコメントをだしていた。「百合若伝説はギリシアのウリス伝説の翻案だと証明された」と。

さらに、名著のほまれが高い『童話の研究』（一九一六年）でも、こうのべている。「ユリス漂流伝説が『百合若物語』として……翻訳されてゐる事実から考えてみる」と。[*111]

先輩の高木は、そぼくに百合若＝ユリシーズ起源説を、論じていた。それを、後継者の松村が否定する。心ある学者は、そんな議論にながされないと、言いながら。神話や説話の伝播論が、しだいに語りにくくなっていく。その趨勢は、高木から松村へと、百合若論がうつっていくところにも、読みとれよう。

文化人類学者の石田英一郎が、「月と不死」という論文を書いている。月に不死へのあこがれを投影する心情は、どんな分布状態をしめすのか。それを、世界各地の記録にさぐった、たいへんグローバルな仕事である。ユーラシア、アフリカ、中南米へと、石田の筆はとびはねる。そして、それらがどうひろがっているかを、つきとめていったのである。

発表されたのは、一九五〇（昭和二十五）年であった。そのころには、石田のこういう研究姿勢を批判するものも、けっこういたらしい。へたをすると、安易な伝播論になりかねないと言うのである。しかし、石田は、自分の仕事といわゆる伝播論を区別しつつ、こうのべている。

由来わが学界の一部に、こうした広汎な比較研究を白眼視する傾向の見受けられるのは、ディレッタント流の極端な伝播説が、早く無批判的に紹介されたりした反動も手伝っているのかもしれないが……ただシニカルな目で黙殺しておけば無難であるというような態度をもって遇せられるのは、自己の総合力の無能を学問的《慎重さ》の名において隠蔽せんとする笑うべき島国根性である。[*112]

伝播論へつながりかねない比較研究には、手をそめないほうがいい。そのほうが、「慎重」にうつるし、学者の処世として無難であると判断する。石田はそういう学界の空気を、「笑うべき島国根性」であると、非難する。

しかし、グローバルな視点にたっての冒険的考察は、けむたがられやすかった。二十世紀のなかごろには、それだけ「慎重」な学術が、要請されだしていたのである。百合若＝ユリシーズ起源説の類を、手軽に語りうる時代では、とうていありえない。坪内逍遙らの時代とは、その点で大きくへだたってきたのである。

ラーマとナラの物語

「月と不死」の石田英一郎は、世界的な規模で、伝説の比較研究をおこなった。古今東西にわたる文献を駆使して、壮大な一種の世界研究を、こころみたのである。もちろん、石田はこれ以外にも、同じような仕事を、たくさんてがけている。一九四、五〇年代の石田は、その目をもっぱら世界へむけていた。

いわゆるウィーン学派の感化もあったろう。世界の原始文化史を叙述する。この学派にぞくする民族学者たちは、そんな野心をいだいていた。ウィーンで民族学をまなんだ石田にも、この夢は共有されていたのである。

ざんねんながら、石田には『百合若大臣』を論じた仕事がない。百合若伝説は、世界中にある諸伝説のなかで、どのような位置をしめるのか。そのことを、石田は書かなかった。

この点で興味をひくのは、金関丈夫《かなぜきたけお》の言及である。形質人類学を専攻した学者だが、金関は、専門外の文章もたくさん書いている。読書界では、むしろそんな余技のほうで、名前がとおっているぐらいである。

そして、金関には百合若伝説を論じた考察も、いくつかある。いずれも、日本の『百合若大臣』を、グローバルな視点から位置づけたものである。

石田英一郎のようなウィーン学派風の気負いは、見られない。伝説の比較研究それじたいをたのしみつつ、金関は筆をすすめている。似たようなベクトルの仕事ではあっても、学者としての気質がちがっていたということか。

金関が百合若論を書きだしたのは、一九五三（昭和二十八）年からであった。そして、二年後の一九五五（昭和三十）年にいたるまで、一連の考察をつづけている。

まず、金関が最初にこのテーマへ手をつけた「百合若大臣物語」から、紹介していこう。この文章の冒頭で、金関は坪内逍遙以来の翻案説を、否定した。ホメロスの伝播をいいたがる比較文学の研究者には、冷淡な言葉をなげつけている。

　これを単なる比較文学の方法のみで解決するのは危険であり、この比定にはまず民俗学、それから民族学の方法が顧慮されなければならない。現に日本の民俗学者の側からは、坪内説はあまり賛成されず、少なくとも修正さるべきである、とされている……ホメーロスの叙事詩がそのころ輸入されたということは、歴史的にはまだ証明されていない。また、その可能性も濃厚とは思われない。[*113]

百合若＝ユリシーズ起源説の退潮ぶりは、こういう金関の指摘にも、読みとれよう。二十世紀のなかごろには、国産説が主流をしめていた。『百合若大臣』の日本的な性格も、高唱されたりしていたのである。

しかし、金関の指摘には、この学界潮流からはずれたところも、多々あった。たとえば、金関は『百合若大臣』のことも、とくに日本的だとみなさない。物語の構造が、ホメロスの『オデュッセイア』と似ていることは、みとめている。また、同じような話ならインドにもあると、言いだした。

古代のインドには、『ラーマヤーナ』という叙事詩がある。その第一段では、主人公のラーマが、強弓のつかい手として登場する。弓の力量でライバルを凌駕し、国王の娘シータを獲得する場面が、えがかれている。金関は、これがユリシーズ伝説や百合若の話に、「よく似ている」と考えた[*114]。

のみならず、同じインドの『マハーバーラタ』にも、類似の話を見つけだす。流浪の王・ナラ太子が、妻への求婚者をうちまかし、うしなった国と妻をとりもどす。『マハーバーラタ』には、そんな物語がのっていた。金関によれば、これも「『オデュッセイア』や百合若大臣の話とちがわない[*115]」。

この話は、放浪の国王・ユディシュテラをなぐさめるために、語られている。領地の回復に成功したナラ太子の物語で、傷心の国王を元気づけようという趣向である。そして、そのユディシュテラ自身も、ユリシーズめいた活劇を、のちには展開した。

金関は、この両者が名前の音でも、似かよっていることへ目をむける。ユディシュテラの名が「ユリシスに似ているのも不思議である[*116]」。そう、暗示的に書いている。『マハーバーラタ』や『ラーマヤーナ』は、サンスクリットの叙事詩であった。そして、これらは、のちのジャータカ文学へも、大きな影響をあたえている。じじつ、ユリシーズに似た話は『賢愚経』や『報恩経』へも、顔をだしていたらしい。金関は、善事太子や株杌《しゆごつ》の説話を、ユリシーズにつうじる例として、あげている。

また、金関は『百合若大臣』以前に書かれた日本の神話や伝説へも、目をむけた。

たとえば武内宿禰《たけのうちのすくね》の物語であり、神武東征伝である。どちらも、海を放浪したあとで、都を手中におさめた男の話であった。その点で、これらもユリシーズ伝説と「同一型の流浪の英雄の物語である」という。*117

翌年に書いた「中国の百合若」では、京劇の「薛平貴《シエピンクエイ》」も、同種の伝説群へ追加した。「続・中国の百合若」（一九五五年）でも、『五代史平話』に類似例を見つけている。同じ

似かよっているのは、日本の百合若と西洋のユリシーズだけに、かぎらない。同じような話は、インドにあるし、中国でも流布していた。古代日本の神話や伝説にだって、存在しないわけではない。金関はこうして、類似の伝説がユーラシアに、古くから遍在することを、強調した。

たいていの翻案説論者は、百合若、ユリシーズ両伝説の共通点を力説する。これだけ似かよっているのだから、伝播関係があったにちがいない、と。一方、国産説の論客は、両者の相違点をことあげすることになりやすい。くいちがう点が、こんなにあるのだから、まったく別の話だろう、と。

金関は、類似している部分を、翻案説の論者以上に強調した。しかし、伝播論にはおもむかない。伝播はなくても、世界中にあまねくひろがっていると言いだしたのである。

じゅうらいの学説史は、翻案か国産かをめぐって、展開されてきた。日本とギリシ

ア以外の場所へ、目をむけたものは、ほとんどいなかったのである。部分的にインドへも言及していた津田左右吉が、例外としてあげられるくらいであろう。

『百合若大臣』は、ギリシア的か日本的か。それまでつづけられてきたこのやりとりに、金関は新しい見方を提出する。すなわち、とりたててギリシア的ではないし、日本的でもありえない。それは世界的、ユーラシア的だったのだと。画期的な見解がしめされたと、そうみなすべきだろう。すくなくとも、同時代の和辻哲郎あたりとくらべれば、圧倒的な新鮮さがあった。

金関丈夫は、一九四三（昭和十八）年に、「山東の瓜子姫」という文章を書いている。日本で瓜子姫説話とよばれている民間伝承が、中国にもあることを論じたものである。柳田國男流の一国民俗学を、のりこえようとする意欲もにじませた論考ではあった。金関は、その点を当時の民俗学者たちに、こう釈明している。

偶然にこんな類話の一つを見つけたばかりで、早速大口をたたくと思われては甚だ心外だが、私などは一国民俗学の立場はよく理解しているつもりであって、なおかつ、日中両国の民俗学者が、もっと緊密に提携すべきものだと、日頃から考えている。*118

研究対象を日本だけに限定せず、世界へひろげていく。一国民俗学の枠組には、とどまらない。金関は、早くからそんなスタンスをしめしていた。百合若論も、こういう意気ごみの産物ではあったろう。

そして、二十世紀中葉の石田英一郎も、似たような意欲をもっていた。一国民俗学を超越しようとする気運は、けっこう早い時期からめばえだしていたのである。さきほどは、金関の独創性を、強調して書きたてた。だが、今のべたようなトレンドにささえられた部分は、あったかもしれない。

もっとも、それが人文諸学の全体を席捲することは、なかったと言いきれる。いたって、ささやかな学脈ではあった。このことについては、あとであらためて考えたい。

金関丈夫は、百合若伝説とよく似た物語が、インドや中国にあることを、力説した。しかし、そのルーツがインドや中国だと言っているわけでは、けっしてない。ただ、同じ構造の伝説が、ユーラシア各地へ分布していると指摘するに、とどめている。

部分的に、インド起源をほのめかすようなくだりが、ないわけではない。一九五四（昭和二十九）年には、すこしふみこんだことも書いている。それをつぎに、紹介しておこう。

『百合若大臣』の百合若は、別府兄弟にうらぎられ、洋上の孤島へのこされた。また、百合若の妻が夫への手紙を、彼の愛鷹にたくす場面もある。いずれも、ユリシーズ伝説には見られない。しかし、日本の『百合若大臣』は、そういうエピソードをふくんでいる。

この差異は、しばしば百合若伝説の日本起源説論者に、強調されてきた。日本と古代ギリシアの伝説は、これだけちがっている。やはり、『百合若大臣』は、日本で独自に成立した文学だ、と。たとえば、津田左右吉が、そんな論法をとっていた。

だが、金関によれば、インドの伝説にも、同じ話はあるらしい。

ところが、この兄弟の裏切りや、鳥の文使いの話は、インドの『賢愚経』などに見える百合若の類話にはちゃんとあるので……坪内式に考えると、これが日本に伝わって百合若を生んだといえないこともない。[*119]

金関は、以上のように、インド起源の可能性も、暗示した。しかし、それを正面から論じようとはしていない。「坪内式に考え」れば、そうも言えるだろうという。ただ、それだけのことである。そして、金関当人は、「坪内式に考え」たりしなかった。今、引用した文章のすぐあとで、こう言いなおしてもいたのである。

しかし、しいてそう考える必要はなく、ギリシアにもインドにも日本にも、元来、文学の発生以前に、民間説話として古くから同趣の話がひろがっていた。それが各自独特の発展をとげたものだ、と考える方が無事であろう。[*120]

さきに紹介した「百合若大臣物語」でも、同じことをのべていた。つぎのように。

日本への伝播は、かかるインド文学の東漸の余波ではなく、おそらく多くの他の説話と同様に、古代文学発展以前の、東西共通の民間説話の一として、同一のモティーフが、ギリシアにもインドにも日本にも普遍し、それぞれ細部の変化を含みつつ、独自の展開をとげたもの、と見るべきであろう。[*121]

けっして、インドからの伝播論を、となえているわけではない。同じ構造の物語が、ユーラシア各地にあったことを、しめしたいだけである。金関は、口をすっぱくして、そう書いている。安易な伝播論をいやがる現代的な学術のありかたは、こういう釈明からも読みとれよう。

しかしこんな金関の百合若論を、インド起源説だと誤読した研究者も、いなくはない。たとえば、民話研究の第一人者である関敬吾が、そのひとりにあげられる。柳田國男門下の高弟でもあるわけだが、つぎのような金関理解をしめしていた。

百合若譚は……金関丈夫氏はこれに関するいくつかの小編を発表し、インドから将来されたものであろうと主張した。[*122]

金関にとっては、なんともやりきれない読まれかただと言える。インドに類似の話もあるが、インド起源説を自分はとらない。本人は明白にそう言っていた。にもかかわらず、関はそれをインド起源説として、うけとめている。

とはいえ、金関の議論に、そんな誤読を誘発しやすい一面があったことも、たしかだろう。これだけ、インドとの類似がしめされれば……。ざっと目をとおしただけの読み手は、インド起源説だなと、早とちりをしかねまい。金関が、しつこくそうじゃあないんだと書いたのも、こういう誤読をおそれたためだろう。

金関は、いわゆる伝播論をうけつけなかった。しかし、伝播論的なファンタジーを、そそってはいたのである。

中国、インド、そしてギリシアに、『百合若大臣』とよく似た話がある。この指摘から、ユーラシアをこえた伝播論へ、夢をふくらませることは容易である。それこそ、ギリシアから、アジア大陸をへて、日本へというように。

南蛮時代に、ポルトガル人がつたえたというのではない。はるかな古代に、物語の伝播があったと仮定する。それが、日本へとどいて、たとえば神武東征伝説を成立させていく。武内宿禰の話も、つくりだす。そして、中世には『百合若大臣』も、派生した。以上のような見方も、出現しやすくなったと思う。

この点について、中世の芸能史を専攻する室木弥太郎が、おもしろいことを書いている。金関の百合若論を読んで、こんな感想がうかんできたと言うのである。

これは百合若伝説の根源や発展を究明する場合、重要なヒントを与えるものである。あるいは逍遙説等もその中で新たに蘇る時がありそうに思える。[*123]

これで、坪内逍遙以来の翻案説が、あらたによみがえるかもしれないと言う。金関じしんは、坪内説に冷淡な態度を、とっていた。だが、当人の趣旨とは無関係に、その再生を室木は予想したのである。

じじつ、学界の一部では、それに近い議論もおこりだす。百合若伝説の意外な国際性を論じる研究が、ふえていく。どうやら、外来説は、金関以後になって、新しい段階をむかえだしたようである。

ふたたび世界へ、目をむけて

『百合若大臣』とよく似た話は、インドや中国にもある。地中海のユリシーズ伝説だけが、これと類似しているわけではない。百合若伝説と同じ構造をもつ伝説は、ユーラシア各地に分布している。人類学の金関丈夫は、一九五〇年代から、そう言いだした。

この指摘は、民族学や神話学にたずさわる研究者の好奇心を、よびおこす。神話や伝説の細部ではなく、構造を抽出して、グローバルに比較する。こういう新しい手法に魅了された民族学者は、けっこういた。

その代表的な人物として、ここでは大林太良《たりょう》のことを、あげておこう。大林には「流浪の英雄と悲劇の英雄」という論文がある。一九七二（昭和四十七）年の仕事だが、まずはこれから検討していきたい。

このなかで、大林は金関の仕事を、たいへん高く評価する。「神武天皇―武内宿禰―百合若大臣の系列[*124]の存在を指摘したのは金関丈夫氏の功績であった」。「この金関氏の卓見に対して……」。以上のような言葉で、先輩をたたえている。

大林は、金関が出版した随筆集の解説も、書いていた。角川選書版の『木馬と石牛』（一九七六年）が、それである。金関の愛読者なら、その百合若論がおさめられているのもこの本であることを、承知していよう。

その解説で、大林は、神話や伝説の構造をつかみとる作業に、評価の言葉をついやした。さらに、大林じしんも、そういう金関から学恩をうけていると言うのである。

金関氏は日本神話の構造分析の先覚者であり、理解者である。私が『日本神話の構造』で試みた分析の作業も、実は金関氏の理解と激励に支えられているところが少なくなかったのである。[*125]

もちろん、大林は百合若論に関しても、金関からの影響をかくさない。「私も、この金関説から出発して、『流浪の英雄と悲劇の英雄』という小文を書いた[*126]」こんな告白も、同じ解説のなかで、しめしている。

しかし、金関が設定した構造分析という枠組に、大林はいつまでもとどまらない。一九七八（昭和五十三）年以後は、そこからぬけだす姿勢も、見せている。この年に大林が書いた百合若論を、読んでみよう。金関からの影響は、たしかにのこっているが、明白なずれもまたうかがえる。

インドや中国の古典に、金関は百合若伝説と同じ構造の物語を、見つけていた。大林は、この新しい論文で、トルキスタンにつたわる伝説も追加する。同地にいるウズベク族の英雄叙事詩・アルパミシュも、百合若伝説とよく似ている。インド、中国のみならず、同形の伝説は中央アジアにもあったと言うのである。

また、大林はネパールにあるカール・ファキエー神話へも、目をつけた。モゴール族の始祖神話だが、これも百合若伝説につうじていると言う。ユーラシアの分布例で、金関がまだ知らなかったものを、つけくわえたのである。

一般の読者は、こうした知識を不思議に思うだろう。トルキスタンやネパールの伝説を、いったいどうやって知ることができたのか、と。

トルキスタンの事情については、シュールブレイドの先行研究があった。『シベリアおよび中央アジアの口承文芸《オーラルエピック》』という調査報告書が、それである。一九七五（昭和五十）年に、インディアナ大学から刊行されていた。大林は、それを読んだうえで、三年後の論文に活用したのである。これも、百合若伝説に似ている、と。

ネパールについては、川喜田二郎の研究から、知識をしいれていた。川喜田は、一九七四（昭和四十九）年に、東海大学出版会から英文の本を刊行している。『高地モゴールおよびその周辺』という報告書である。けっきょく、大林は恒常的にこういう学術情報へ、目をとおしているのだろう。頭の下がる読書だと思う。

トルキスタンやネパールにも、百合若伝説とよく似た物語があった。大林によるこの指摘は、金関説の延長線上へ位置づけうる。先輩の仕事を、よりくわしくゆたかにふくらませた成果だと、言えるだろう。
だが、大林は同時に、こんなことも書いていた。

まだ探せば、内陸アジアからの類話はいろいろ出てくるかも知れない。いずれにしても百合若伝説の系統論は、内陸アジアも考慮に入れて、従来以上の広範な比較を必要としているのである。[*127]

「百合若伝説の系統論」は、中央アジアをもふくめて考えたいという。この「系統」という表現が、ひっかかる。なにやら、百合若伝説へいたる祖先が、中央アジアにあったとでも、言いたげである。つまりは、そこから物語が伝播してきたというニュアンスも、ほの見える。

金関丈夫じしんは、伝播論に手をそめなかった。インドや中国にも、同じ構造の伝説があるという、ただそのことだけをのべている。だが、一九七八（昭和五十三）年の大林は、伝播論へ一歩ふみこんだように見える。金関が禁欲した方向へ、すすんでいったと読みとれる書き方を、しめしていた。

とはいえ、中央アジアからの伝播があったと、そう断定しているわけではない。「系統論」という言いまわしで、ほのめかすにとどめていた。伝播論へは、用心ぶかく、おずおずむかいだしていたということか。大林のそんな筆致からも、いわゆる伝播論が学界で敬遠されていた様子は、しのばれよう。

一九八五（昭和六十）年三月のことである。国立民族学博物館では、「民間伝承」をテーマにしたシンポジウムが、ひらかれた。そのなかで、伝承文学の研究者である福田晃《あきら》が、興味ぶかい報告をおこなっている。「中世の神話的伝承」と題して、『百合若大臣』にも言及したのである。

そのなかで、福田は金関丈夫の仕事にも言及しつつ、こうのべた。

百合若大臣譚の原像を応神紀の武内宿禰の海上流浪譚などに認められたのは、金関丈夫先生であった。そして、その大いなるお考えは、今も訂正すべきところはない。しかし、具体的な素材ということになれば、いずれもが、ほぼ他地域からの伝来・伝播に従ったものであることは動くまい。*128

話の構造はともかく、個々のアイテムは、「他地域からの伝来・伝播」によるという。その他地域として福田は、インド、中国、中央アジアをあげている。金関や大林が見つけだしていた地域から、さまざまな話のモチーフが、日本へ伝来した。そして、『百合若大臣』になったというのである。

さて、この物語で、百合若の妻は別府兄弟の兄から、横恋慕をされていた。このパターンをとりあげながら、福田はつぎのようにも力説する。

> その伝承例は、中国大陸から印度の古典にまで及ぶものであった。したがって、かならずやそれらの伝承が、わが国土に及んで、「百合若大臣」の原拠となったものと推される。*129

いわゆる伝播論を金関はうけつけない。大林もおそるおそる、接近するにとどめていた。それを、福田はどうどうと、うちだしている。しかも、金関や大林の先行研究をひきながら。金関のことは、「今も訂正すべきところはない」とまで、書ききっているのに。

この福田説にたいしては、討論の場できびしい反論が、もちあがっている。たとえば、ドイツの民間伝承を研究している小沢俊夫が、こうのべた。福田の議論は、「どこかにはっきりした原話があるという想定をして」くみたてられている。しかし、「それを求めているとしたら無理ではないか」と言うのである。*130

伝説に関しては、ルーツさがしをしても意味がないという批判であった。やはり、学界の大勢はこういう研究を、きらっていたのである。

ところで、この研究集会には、大林太良も姿を見せていた。そして、小沢の反論がだされたすぐあとに、発言の機会をもとめている。「いまの小沢さんの発言と関連して……」。そんな前置きをふりつつ、大林はつぎのようにきりだした。

私も……原形が一つで、つまりウアテキストというのがあってそれが分かれるとか、そういう考え方は難しいのじゃないかと思います……いわばウアテキストにあたるものが複数あるというのが普通である。そういうのがいまの考え方ですね。[*131]

一元的な起点から、物語が各地へ伝播するという見方を、とりあえずしりぞけた。今は、各地に同形の物語が、独立して分布していると解釈する。それが、学界の一般的な趨勢になっている。そして大林も、そのことはみとめているという。金関が、かつてそう判定したように。

にもかかわらず、大林はこう話をつづけだす。

ここで取り上げられた甲賀三郎と百合若の話というのは、やはり内陸アジアを通ってきた可能性が高いと私自身は思っているのです……中世か何かに、内陸ユーラシアを、いろんな面白い話が広がったのじゃないか。[*132]

どうやら、これが大林の本音であったらしい。一九七八（昭和五十三）年の時点では、おっかなびっくりふみこえるにとどまった。その伝播論へいたる一線を、七年後のシンポジウムでは、大胆につききったのである。

くりかえすが、金関丈夫は伝播論と自分の仕事に、一線を画していた。だが、金関の学統をひく研究者たちは、しだいにそちらへ傾斜する。そして、とうとう中央アジアからつたわったと、公言しはじめた。アジアは、金関が、物語の構造論という文脈で例示した地域である。それを、のちの学者たちは、『百合若大臣』のルーツとして位置づけだす。

あきらかに、金関のこころざしを、うらぎる方向へむいている。しかし、ユーラシアからの伝播を口にする研究者たちは、金関の指摘を高く評価する。福田晃が金関へささげた讃辞は、さきに紹介した。そして、大林太良も今だに、こう言っているのである。「私は金関の構想は基本的には正しいと思っている」と。[*133]

けっきょく、金関は新しいタイプの伝播論を誘発したのだと、言いきれる。当人の意向とは無関係に、ユーラシア起源説を派生させてしまう。妙なところで、一種のパラダイム・チェンジに貢献してしまったということか。

　ここであとひとり、中村忠行という研究者の仕事に、言及しておきたい。比較文学畑の学者だが、一九八四（昭和五十九）年に、たいへん面白い論文を書いている。「王様の耳は驢馬の耳」という、ユーラシアの文学伝播を正面から論じた研究である。金関丈夫からの引用もけっこうあり、シンパシーをいだいていたことは、うたがえない。

　このなかで中村は、イソップ童話の東方伝播を力説する。しかも、十六世紀以後のイエズス会士たちが、東アジアへもちこんだというのではない。九世紀中葉の段階で、中国の辺境には、イソップがつたわっていた。その「ことは確実」だと断言するのである[*134]。

　中村は、ドイツの東洋学者であるル・コックの仕事を、主な典拠にあげている。ル・コックは、二十世紀初頭にいわゆる西域を調査した。中国の西方にひろがるトルファン、ハミ、カラシャール、クチャといった地域である。そして、この地域にかつてひろがっていたマニ教の文書を、収集した。一九二二（大正十一）年には、それを『マニ教遺文』として、まとめあげている。

　ル・コックによれば、同地のマニ教徒は、イソップ童話を一部つたえていたらしい。トルファンあたりのウイグル人も、とうぜんこの童話を知っていたという。中村は、この指摘を重視した。そして、中国につたわるいくつかの説話も、イソップから派生したと推定するのである。

日本で、毛利元就に仮託された三矢の伝説は、吐谷渾《とよくこん》に源流がある。安易にイソップの類話へむすびつけるべきではない。二十世紀以後の学界がそうかんがえてきたことは、論述ずみである。

吐谷渾は、中国の青海省で、四世紀から国らしい姿をととのえた。その北端から西北へ七百キロはなれたところに、トルファンはがある。そして、トルファンは、周囲の諸民族がよりつどう交易都市であった。そんな街に、まちがいなくイソップ童話はとどいていたのである。

ひょっとしたら、吐谷渾の三矢伝説も、トルファンのイソップに由来するのではないか。毛利の物語も、淵源をさぐればイソップにたどりつく。そう言えそうな可能性さえ、ル・コックらの発見はもたらしていたのである。

話をふくらませすぎた。中村の論文に、たちかえる。イソップの東伝をしめした中村は、今のべた私見とちがう形で、議論を大きく展開した。ユーラシアの東西交渉史は、イソップ以外の物語をも、東方へつたえていただろう。日本へも、それらが伝来していた可能性はあると、つぎのように言いきった。

かくて、唐・宋以後の中国の民間説話には西方からの影響を受けたものがあり、それが更に転じて、日本に伝来した例が見られる様になる。[*135]

中村は、『百合若大臣』に関する考証を、それほどほりさげていない。しかし、この幸若舞についても、西方からつたわったものではないかと、想像した。

平安朝末期乃至は鎌倉初期ともなれば、ギリシア神話やイソップ式寓話のある種のものが我国に流伝してゐたことは確実である。さうした観点からすれば、冒頭に述べたお伽草子（筆者註：『天狗の内裏』や『天稚彦物語』など）や幸若舞曲（同：『百合若大臣』のこと）の素材の問題は、更めて検討してみてもよいのではなからうか。*136

物語の伝来を、いわゆる南蛮時代に想定するのではない。それより五百年ほどさかのぼったころに、ユーラシアをこえてつたわった。平安末から鎌倉初期、あるいは唐宋時代に、ギリシア神話が伝来していたと言うのである。

金関丈夫は、ユーラシアの各地に、百合若型の伝説があることを、つきとめた。後発の大林太良らは、中央アジアからの伝播があったというふうに、話をふくらます。そして、とうとう、ギリシア神話がそこを通過して、極東へきたとする仮説も出現した。

金関が、学界の風向きに影響をあたえたことは、いなめない。じゅうらい百合若伝説に関しては、日本起源論が大勢をしめていた。だが、金関以後は、中央アジアへ目をむける研究者も、あらわれてきたのである。

ねんのため、書いておく。国文学の岡田希雄が『東勝寺鼠物語』という文献を紹介したことは、すでにのべた。その岡田が六年後の一九三四（昭和九）年に、「幸若舞の研究」をまとめている。なかに「百合若大臣」の翻案説へふれたところがある。

岡田は言う。「若し翻案であるとすれば、其の伝播は葡人が……来た時よりは前の事」だろう。それは、「大陸由来のものかも知れない」、と。[*137]

ポルトガル人が日本へくる前の、アジア内陸部を伝播の途として、仮説的に提示した。金関以前の時代にも、こういう立論はあったのである。一九三〇年代の同時代に、ひろく参照された形跡はない。学界のなか、とりわけ国文学界では孤立していたと思う。ただ、時代にさきがけた先学のいたことは、見すごせない。多くの学者が時代にながされてきたと言いたい自分への自戒をこめて、書きとめる。

話を金関以後の学説動向にもどす。さきほどは、中央アジアからの伝播が注目されだしたと、そうのべた。しかしこの潮流が現在主流派をなしているとは、言いがたい。多くの研究者は、あいかわらず、伝播論をきらい、国産説にとどまっている。中央アジアを念頭におく新説が、学界の一部でめばえだした。そのていどのいきおいでしかないことは、あらためて確認しておきたい。

中村の論文などは、自分のつとめる大学の紀要に書かれていた（甲南女子大学）。ひろく読まれるというような仕事では、ありえない。まだまだ、伝播論には逆風がむいているのである。

余談だが、中村忠行は、台湾にあった台北帝国大学の文学部を卒業していた。その同じ台北帝大の医学部で、金関丈夫も教鞭をとったことがある。両者の漢籍を駆使したグローバルな仕事に、そんな共通点を見たくなるが、どうだろう。やや強引にすぎようか。

敗戦後の中村は、『新中国』という雑誌の編集にかかわったことがある。じつは、その『新中国』へ、金関も論文をよせていた。中村によれば、ふたりで中国のイソップを語りあったことも、あったらしい[*138]。

だが、金関じしんは、そのことを論文で書きたてたりしなかった。この金関がふせた部分を、中村がかわって力説したのだとは、言えまいか。中村を金関の学統につなげすぎているかもしれないが、あえてそんな見方をしめしておく。

ユリシーズの伝説は、フランシスコ・ザビエルが日本へもたらした。一五五〇（天文十九）年に、山口でザビエルの口より語られたのが、最初である。それを、山口に滞在していた幸若舞の演者が聞きとって、翻案した。そして、三カ月後の翌年正月に京都で上演させたのが、『百合若大臣』であるという。

ジェームズ・アラキが、そんな仮説を提唱していたことは、すでにのべた。何度も言うように、ずいぶんくるしい説である。なにがなんでも、南蛮渡来説でおしきろうとする。また、翻案の時期も、『言継卿記』の上演記録より早い段階に、設定しておきたい。そうはやる気持が、この強引な説にアラキを傾斜させただろう事情も、説明ずみである。

南蛮経由にこだわらなければ、こうまで無理をおしとおす必要もなかったろうに。もっと古い時代の伝播を仮定すれば、より穏当な翻案説がくみたてられたものを……。

中村忠行らの議論を知っている身としては、どうしてもそう考えたくなってくる。アラキが、自説をうちだしたのは、一九七八（昭和五十三）年であった。金関の百合若解釈より、四半世紀ほどあとに発表されていたのである。とうぜん、金関の仕事は知っていた。じっさい、その論文でも金関説をひいている。いや、それどころではない。川喜田二郎によるネパール・モゴール族の報告も、アラキは引用していたのである。

ユリシーズ伝説は、中央アジアをとおって、日本へ到着した。そう論じてもよさそうな知識は、じゅうぶんしいれている。にもかかわらず、アラキはそうしない。あくまでも、南蛮時代の伝播にこだわろうとする。

四年後の一九八二（昭和五十七）年にも、アラキは自説発表の機会をもった。国文学研究資料館での研究会が、それである。そして、アラキはこの場でも、ほぼ同じ趣旨の議論を、くりかえす。のみならず、こう言いきってもいたのである。「ユリシスの物語が十六世紀以前に日本に伝えられた形跡は全くない」と。[*139] 南蛮渡来説への強い執着が、うかがえよう。

この研究会には、中村忠行も参加していた。アラキの報告には、刺激をうけたのだろう。とくに発言をもとめて、エールをおくっている。と同時に、中国経由の可能性を、それとなくたずねたりもした。

だが、アラキはこれをしりぞける。「百合草若は天文頃上演され、それ以前に入ってきた形跡はなく、中国から入った形跡もない」。[*140] そうつっぱねていたらしい。伝播説へのシンパシーは共有しつつも、伝播経路についてはおりあえなかったのである。なお、中村がさきの論文を書いたのは、この二年後であった。

アラキが南蛮時代伝来説をくずさなかった理由も、わからないわけではない。アラキはルネッサンスの古典復興という歴史を、前面におしだしたがっていた。ルネッサンス期にギリシア・ローマの古典がよみがえる。そこでリバイバルしたユリシーズ伝説こそが、日本へとどいていた。こういうストーリーを、語りたがっていたのである。

だからこそ、南蛮時代だったのだろう。それ以前だと、古典はまだ復興していない。

必然的に、ヨーロッパからの直接的な伝播は、語れなくなってしまう。古典古代の教養をそなえたイエズス会士が、日本へそれをつたえていた。アラキとしては、どうしてもそういう話に、しておきたかったのだと思う。

あからさまなヨーロッパ中心史観だと言うべきか。本音を言えば、ネパールのモゴール族など、どうでもよかったのかもしれない。

なお、アラキは国文学研究資料館の研究発表で、こんなことも言っていた。

マルコ・ポーロは燕都で何年か過ごしたのだが、彼はビザンティン文化を身につけていなかった限りはユリシスの物語を知るすべはなかったはずである。ビザンティン帝国、特にコンスタンチノープルではギリシャの古典は尊重せられた。ビザンティンより日本へと云う経路も考えなければならないのだが、それはその方の専門家に任せることにしよう。[*141]

ビザンティン経由なら、南蛮時代以前でも、伝播論はなりたちうる。ビザンティンになら、ルネッサンス以前の時代でも、ギリシア古典は保存されていた。だから、そこから物語がはこばれた可能性は、あるという。

ヨーロッパに古代の古典がいきづいていたかどうかで、伝播論の成否はきまる。それこそが問題なんだと言わんばかりのかまえに、なっている。中央アジア事情は、ほとんど考慮の外側におかれていたのである。

日本と中国の比較文学をテーマとしてきた中村に、こういう姿勢は見られない。中村は、中央アジアに伝播していたともくされる諸伝説を、重視する。そこから、ユーラシア経由という可能性を、想像したのである。ヨーロッパにのこっていた古典そのものへは、あまり興味をしめしていない。

西域につたわっていた西方の伝説が、中国をへて日本までやってくる。こういう歴史に思いをはせていたのも、中村が日中比較文学の研究者であったためか。けっきょく、どの学者にも、我田引水めいた部分はあるということなのかもしれない。国文学研究資料館の研究会では、そのすれちがいがかいま見えたのだと思う。

いずれにせよ、現在では二とおりの伝播論が、語られている。新村出以来の南蛮渡来説が、まずひとつ。そして、いまひとつは、それより古い時代の東西交渉史論が、あげられよう。金関丈夫に誘発された、中央アジア・ルートへ目をむける新しい議論が、それである。

アラキには気の毒だが、あえていう。率直に見て、前者が隆盛をむかえているとは、とうてい思えない。アラキ自身の強引な立論がしめすように、退潮を余儀なくされているとみなすべきだろう。

とはいえ、後者もオーソライズされているとは、言いがたい。一九七〇年代後半から、一部の学者が、そこへいたる可能性を模索しはじめた。翻案説の現状は、そのていどでしかありえない。『百合若大臣』の外来説が、積極的にみとめられだしているわけでは、ないのである。

しかし、国産論もその全盛期がすぎだしたという印象は、いなめない。ともかくも、外来説の可能性は、南蛮時代以前の時期へ、ひろがりだしている。ひょっとしたら、こちらの方向で、将来新たな展望があるかもしれない。

「桃太郎の郷土」という論文を、民話研究者の関敬吾が書いている。柳田國男の有名な「桃太郎の誕生」を、強く意識した標題であり、仕事である。なお、柳田の文章は一九三〇（昭和五）年に発表されていた。関の論文が書かれたのは、一九七二（昭和四十七）年のことである。

柳田は、桃太郎伝説に日本的と思える特徴を見いだし、そこのところを強調した。桃太郎という名前は、日本でしかありえない。さらに桃から子供が生まれるというくだりも、日本的であるという。こんなふうに。

隣近民族にも其類似のものを発見せられて居ないから、多分は我邦に於て新たに出現したものであり、従うて同胞国民の間に、其原因を探り求むべきものであつたらう。見遁すことの出来ない一つの事実は、此点が兼て我々の固有信仰の、可なり大切なる一つの信条であつたことである。[*142]

これにたいし、関敬吾は桃太郎伝説の国際的な側面に、興味をそそいでいた。にたような話はアジア、ヨーロッパの各地にあるという。そして、その起源は古代ギリシアにあるだろうと、想像した。つぎに、そのことをのべた結末部分を、ひいておく。

かつて柳田は……桃太郎は我が国固有信仰を根源として成立したろうことを主張した。しかし……全体として見るときは、我が国で成立したものでもなく……紀元前七世紀のギリシアの英雄伝説アルゴナウテン伝説にまで遡ることができるかもしれない。おそらく地中海東岸の小アジア地帯を出発地として、トルコ、インドを経て、インドシナ半島を北上し、少なくとも一つの道は中国、朝鮮を経て我が国にもたらされたのではなかろうか。[*143]

なお、関は伝播の時期を、「記紀編纂はるか以前」であったろうという。有史以前に、ギリシアの伝説が、日本へつたわったというのである。

一国民俗学的なこだわりが、関にはない。「一国の固有信仰」を遡及することが、「昔話研究の究極の目途」だと、柳田は言っていた。しかし、そういうこころざしが、柳田の後継者とされる関には、まったく欠けている。逆に、思うぞんぶん、自分の好奇心を海外へ飛躍させているのである。

ざんねんながら、関はまとまった百合若論を書いていない。だが、ユリシーズ伝説とのつながりをイメージしていたことは、はっきりしている。じじつ、一九七七（昭和五十二）年には、ある座談会でこんなことを言っていた。

あれ（筆者註：ユリシーズ伝説のこと）は日本に来たんだけど、主人公の名前まで来たのかどうかは問題だと思う……「ユリシーズ」と「百合若」の構造は同じですよ……構造はほとんど同じで、この不変の構造が伝播の上にも重要な役割を持っているのではないでしょうか。*144

かんたんな会話なので、伝播の経路については、まったく語っていない。だが、たぶん南蛮時代以前のユーラシアにおける東西交渉史を、想定していたのだと思う。五年前に書いた桃太郎の伝播ルートと、同じような筋道を考えていたのではないか。

関が金関丈夫の百合若論を誤読していたことは、おぼえておられよう。インドにも、百合若とにた話はある。この金関による指摘を、関はインド源流説だとかんちがいして、うけとった。それだけ伝播説にながれやすい資質が、関にはあったのだと思う。

いずれにせよ、関が百合若伝説の国産説から脱却していたことは、たしかである。きちんとそう論述したことは、いちどもない。しかし、今紹介したような座談会での口ぶりから、そのことはじゅうぶんおしはかれる。

関敬吾は、民俗学畑にぞくする研究者である。民話研究で柳田の仕事を継承したのも関だと、しばしば評される。しかし、関ははやくから日本の民話にひそむ国際性へ、強い関心をそそいでいた。柳田にたいしては、背をむけていたと言ってよい。百合若＝外来説の構想も、いだいていた。国産説の牙城であった民俗学という領域にも、変化のきざしはあったのである。

もっとも、今のところ、関に同調している民俗学者は、あまり目だたない。大勢はやはり、日本起源説がしめている。ただ、そこからぬけだす芽がではじめたことは、注目にあたいする。今の民俗学が、国産説一辺倒だったころのそれとはちがうことを、書きとめておこう。

それにしても、と思う。

百合若論は、一九六〇年代まで、国産説が圧倒的な主流をしめていた。だが、一九七〇年代にはいると、外来説もいくらかは回復しはじめる。中国、インド、中央アジアを考える見解が、部分的に浮上した。古代ギリシアまでさかのぼる見方も、でだしている。まだまだ国産説は根強いが、ちがう意見も提出されだしているのである。

じつは、安土城の天守閣をめぐる起源論も、同じような歴史をへてきている。一九六〇年代までは、日本自生説が権威をもっていた。しかし、一九七〇年代には、否定的な解釈が登場しはじめる。中国を源流だとみなす意見が、力をつけてくる。あるいは、南蛮渡来の要素をも考えるようになりだした。この経緯は、百合若論のたどったあゆみと、おおよそ一致する。

ちがう点は、こういった新潮流のいきおいであろう。安土城の天守閣については、日本起源説が、すっかりおとろえた。今、学界の大勢をしめているのは、中国源流説にほかならない。しかし、百合若論の場合は、外来説が新しく提出されだしたというに、とどまる。日本起源説は、まだまだくずれていない。

おそらく、個々のテーマがかかえる学術状況によって、こういう差異も生じうるのだろう。しかし、両者に同じ方向の時流がおしよせていることは、いなめない。

天守閣論は、その波をまるごとうけて、起源説がいっきに中国へと傾斜した。そして、百合若論には、民俗学や国文学の防波堤もあって、なかなかその波がおよばない。日本の外へ起源説を飛躍させる解釈は、ぽつりぽつりと提出されるにとどまっている。しかし、同じころに、似たような時流とであっていたことは、たしかだろう。

さらに、日本起源説がオーソライズされた、その前史も考えてみたい。

二十世紀初頭までは、どちらも西洋からの文化伝播が声高に語られていた。洋式築城術の感化をうけている。ユリシーズ伝説が翻案されている。そう考えるほうが、ふつうだったのである。

だが、天守閣については、一九一〇年代から国産説も語られだす。一九三〇年代には、そちらのほうが、学界を制圧した。百合若論は、一九二〇年代ごろから、日本的な側面への言及がめだってくる。そして、一九三〇年代以降は、日本起源説の時代になった。

こちらのほうでも、両者は同じような歴史をたどってきたのである。もちろん、それぞれの事情による差異は、この前史でもあった。しかし、大きく鳥瞰的にながめれば、並行する趨勢のあったことは、否定しきれない。

ここで、法隆寺のエンタシスや伽藍配置をめぐる学説史のことも、思いだしてみよう。これもまた、安土城の天守閣をめぐるそれと、似たようなあゆみをたどってきた。古代寺院と中近世城郭の理解が、時代とともに、同じコースをたどって変化する。それだけ、研究は時代に左右されるのか。前にそう慨嘆したことを、おぼえておられよう。

しかし、このことは『百合若大臣』という文学の研究テーマにも、あてはまる。中世文学に関する研究史も、並行的な波形をへてきていた。古代寺院や中近世城郭の研究史と、似たようなゆれをしめしてきたのである。文学よ、お前もかといった気持ちは、どうしてもわいてくる。時代の力というものを、あらためて痛感するしだいである。

第五章　註

＊1　島津久基「『天狗の内裏』と『イニード』——牛若丸地獄極楽廻伝説とイニーアス伝説」（『日本文学講座第一一巻』新潮社　一九二七年）二四四ページ。
＊2　同右　二三五ページ。
＊3　同右　二五〇ページ。
＊4　高野辰之「幸若舞曲研究」（『日本文学講座　第五巻』新潮社　一九二七年）五六〜五七ページ。
＊5　同右　五七ページ。
＊6　同右。
＊7　島津久基前掲「『天狗の内裏』と『イニード』」二三五ページ。
＊8　折口信夫「七夕祭りの話」一九三〇年（『折口信夫全集　第一五巻』中央公論社　一九六七年）一七〇ページ。
＊9　同右。
＊10　折口信夫「壱岐民間伝承採訪記」一九二九〜三〇年　同右全集　第一五巻　四四八ページ。
＊11　折口信夫『万葉集辞典』一九一九年　同右全集　第六巻　一九六六年　四二三ページ。
＊12　折口信夫「若水の話」一九二七年草稿　同右全集　第二巻　一九六五年　一一六ページ。
＊13　同右　一一七ページ。
＊14　中山太郎「百合若伝説異考」一九三二年『日本民俗学論考』一誠社　一九三三年　一三四ペー

ジ。

＊15　同右　一三五ページ。

＊16　同右。

＊17　民俗学研究所『民俗学辞典』東京堂出版　一九五一年　六五三ページ。

＊18　藤沢衛彦『日本伝説研究・三』六文館　一九三一年　一七四ページ、一二三四ページ。

＊19　市場直治郎「百合若伝説私考」『旅と伝説』第五年　二号　一九三二年　九ページ。

＊20　同右　一〇ページ。

＊21　同右　一一ページ。

＊22　同右。

＊23　同右　一七～一八ページ。

＊24　同右　一七ページ。

＊25　中山太郎「郷土伝説と民俗学」（『郷土史研究講座　第一号』雄山閣　一九三一年）二一ページ。

＊26　中山太郎前掲「百合若伝説異考」一二七ページ。

＊27　同右　一四五ページ。

＊28　同右　一二七～一二八ページ。

＊29　同右　一二八ページ。

＊30　同右　一四一ページ。

＊31　同右　一三五ページ。

＊32　同右　一三六～一三七ページ。

＊33 同右　一四五ページ。
＊34 同右　一五一ページ。
＊35 同右。
＊36 同右。
＊37 藤沢衛彦前掲『日本伝説研究・三』二三一ページ。
＊38 中山太郎前掲「百合若伝説異考」一二八ページ。
＊39 筑士鈴寛「諏訪本地・甲賀三郎」一九二九年　『中世芸文の研究』有精堂出版　一九六六年　一四二ページ。
＊40 山口麻太郎「百合若説経に就いて」『壱岐島民俗誌』一誠社　一九三四年　一九八〜一九九ページ。
＊41 同右　一八三ページ、二〇三ページ。
＊42 同右　一九九ページ。
＊43 山口麻太郎「百合若伝説の系譜」『フォクロア』二号　一九七七年　四七ページ。
＊44 新村出「日本人南進史と南洋文学」一九四一年（『新村出全集　第一〇巻』筑摩書房　一九七一年）一二一〜一二二ページ。
＊45 同右　一二二ページ。
＊46 新村出『日本吉利支丹文化史』地人書館　一九四一年　一〇八ページ。
＊47 佐藤功一「是蒙誌」『学燈』一九三九年八月号　一二一ページ。
＊48 同右。

＊49　石田幹之助「新村先生追憶」一九六七年（『石田幹之助著作集　第四巻』六興出版　一九八六年）二〇三ページ。

＊50　重久篤太郎「解説」（『新村出全集　第六巻』筑摩書房　一九七三年）五八一ページ。

＊51　重久篤太郎「明治以前の西洋文学伝来考——日本に於ける英吉利文学発達史の序説として」『日本近世英学史』教育図書　一九四一年　一一六ページ。

＊52　同右　一一六〜一一七ページ。

＊53　海老沢有道『南蛮文化』至文堂（日本歴史新書）一九五八年　九九ページ。

＊54　エステル・L・ヒバード「日本文学における百合若伝説」『同志社女子大学学術研究年報』第一巻　一九五〇年　四〇〜四一ページ。

＊55　同右　四六ページ。

＊56　同右　四五ページ。

＊57　同右　五〇〜五一ページ。

＊58　同右　五二ページ。

＊59　同右　五五ページ。

＊60　加藤順三「追記」同右年報　六九ページ。

＊61　James T.Araki, 'Yuriwaka and Ulysses, the Homeric Epics at the Court of Ôuchi Yoshitaka,' Monumenta Nipponica spring 1978, pp26-27.

＊62　ibid, p27.

＊63　ibid, p35.

＊64 ibid.
＊65 木村紀子「幸若舞曲『大臣』をめぐって――ユリシーズとの関係から」『国文』（お茶の水女子大学）第二二号 一九六四年 四三ページ。
＊66 同右 四四ページ。
＊67 Araki op.cit., p20.
＊68 岡田希雄「東勝寺鼠物語と幸若舞の曲名」『国語国文の研究』第二一号 一九二八年六月 一三一ページ。
＊69 同右 一二九ページ。
＊70 同右 一三一ページ。
＊71 小西甚一『日本文芸史・四』講談社 一九八六年 一四二ページ。
＊72 同右 一四〇ページ。
＊73 同右 一四一ページ。
＊74 同右 一四七ページ。
＊75 荒木良雄『安土桃山時代文学史』角川書店 一九六九年 四八一ページ。
＊76 同右。
＊77 荒木繁「解説・解題」『幸若舞・一』平凡社（東洋文庫）一九七九年 三六五～三六八ページ。
＊78 「討論」（君島久子編『日本基層文化の探求 日本民間伝承の源流』小学館 一九八九年）九七～九九ページ。
＊79 海老沢有道前掲『南蛮文化』八四ページ。

＊80 内藤昌「安土城の研究・下」『國華』一九七六年三月号 四二ページ。
＊81 和辻哲郎『日本芸術史研究（歌舞伎と操り浄瑠璃）』一九五五年 岩波書店（一九七一年改訂版）三七七ページ。
＊82 同右 三八六〜三八七ページ。
＊83 同右 三七七ページ。
＊84 同右 三七六〜三七七ページ。
＊85 同右 三七四ページ。
＊86 同右 二六一ページ。
＊87 和辻照『和辻哲郎とともに』新潮社 一九六六年 一一七ページ。
＊88 和辻哲郎『古寺巡礼』岩波書店 一九一九年 二三二〜二三三ページ。
＊89 和辻哲郎「改版序」一九四六年『古寺巡礼』岩波書店（文庫）一九七九年 五〜六ページ。
＊90 和辻哲郎前掲『古寺巡礼』三一六〜三一七ページ。
＊91 和辻哲郎前掲『日本芸術史研究』一五〇ページ。
＊92 同右。
＊93 同右 一五〇〜一五一ページ。
＊94 山折哲雄「『阿弥陀の胸割』と『百合若大臣』」（『和辻哲郎全集 月報一二』一九九〇年）一〜四ページ。
＊95 同右 四ページ。
＊96 林屋辰三郎『古典文化の創造』東京大学出版会 一九六四年 三六六〜三六七ページ。

＊97 佐山一郎「インタビュー・『歴史』という仕事――林屋辰三郎」『ザ・ビッグマン』一九九三年六月号　五八ページ。
＊98 和辻哲郎前掲『日本芸術史研究』三七六ページ。
＊99 新村出「南風」一九一〇年（『新村出全集　第五巻』筑摩書房　一九七一年）二七ページ。
＊100 新村出「逍遙博士より得たる感銘」一九二六年（『新村出全集　第八巻』筑摩書房　一九七二年）四二〇ページ。
＊101 永積安明「『幸若と説教』序論」一九六七年　『中世文学の可能性』岩波書店　一九七七年　二三五ページ。
＊102 富田美彦「キリシタン文学」（近藤忠義編『日本文学史辞典』日本評論新社　一九五四年）一〇四ページ。
＊103 村上学「百合若大臣」（大曾根章介他編『研究資料日本古典文学　第一〇巻・劇文学』明治書院　一九八三年）二二一ページ。
＊104 渡辺昭五「ゆりわかだいじん［百合若大臣］」（『芸能文化史辞典・中世篇』名著出版　一九九一年）三五九ページ。
＊105 島村幸一「百合若伝説」『歴史読本特別増刊・事典シリーズ　第一六号　日本「神話・伝説」総覧』新人物往来社　一九九二年　一六一ページ。
＊106 金沢康隆「百合若物」（早稲田大学坪内博士記念演劇博物館編『演劇百科大事典　第五巻』平凡社　一九六一年）四九七ページ。
＊107 荒木繁「百合若大臣」（日本古典文学大辞典編集委員会『日本古典文学大辞典　第六巻』岩波書店

一九八五年）一三八ページ。

*108 木村毅「翻案」（『日本近代文学大事典 第四巻』講談社 一九七七年）四八四～四八五ページ。

*109 松村武雄『日本神話の研究 第一巻』培風館 一九五四年 四七四ページ。

*110 同右 四七四～四七五ページ。

*111 高木敏雄『童話の研究』一九一六年 講談社（学術文庫 一九七七年）二〇七ページ。

*112 石田英一郎「月と不死」一九五〇年（『石田英一郎全集 第六巻』筑摩書房 一九七一年）二八ページ。

*113 金関丈夫「百合若大臣物語」一九五三年『木馬と石牛』法政大学出版局 一九八二年 四〇ページ。

*114 同右 四一ページ。

*115 同右 四二ページ。

*116 同右。

*117 同右 四四ページ。

*118 金関丈夫「山東の瓜子姫」一九四三年 前掲『木馬と石牛』六二ページ。

*119 金関丈夫「中国の百合若」一九五四年 同右 四五～四六ページ。

*120 同右 四六ページ。

*121 金関丈夫前掲「百合若大臣物語」四三ページ。

*122 関敬吾「民話」（『日本民俗学大系 第一〇巻』平凡社 一九五九年）九一ページ。

*123 室木弥太郎『語り物（舞・説経・古浄瑠璃）の研究』風間書房 一九七〇年 一八〇ページ。

＊124 大林太良「流浪の英雄と悲劇の英雄」一九七二年『日本神話の構造』弘文堂 一九七五年 一〇二～一〇三ページ。

＊125 大林太良「解説」（金関丈夫『木馬と石牛――民族学の周辺』角川書店〈選書〉一九七六年）三六四ページ。

＊126 同右 三六二ページ。

＊127 大林太良「百合若伝説と内陸アジア」『フォクロア』三号 一九七八年 八一ページ。

＊128 福田晃「中世の神話的伝承――『甲賀三郎』『百合若大臣』をめぐって」（君島久子編前掲『日本民間伝承の源流』）四一ページ。

＊129 同右 七三～七四ページ。

＊130 「討論」君島久子編同右 九四ページ。

＊131 同右 九五ページ。

＊132 同右。

＊133 大林太良「日本の海洋文化とは何か」（『海と列島文化 第一〇巻 海から見た日本文化』小学館 一九九二年）二八ページ。

＊134 中村忠行「王様の耳は驢馬の耳」『甲南女子大学研究紀要・二〇』一九八四年 四六ページ。

＊135 同右 四七ページ。

＊136 同右 五六ページ。

＊137 岡田希雄「幸若舞の研究」（『日本文学講座 第四巻』改造社 一九三四年）一七〇ページ

＊138 前掲 中村忠行「王様の耳は驢馬の耳」五〇ページ。

＊139　ジェームズ・T・アラキ「百合草若の物語の由来」（国文学研究資料館編『国際日本文学研究集会会議録　第六回』一九八二年）二二四ページ。
＊140　「討議要旨」同右　二二六ページ。
＊141　ジェームズ・T・アラキ前掲「百合草若の物語の由来」二二四ページ。
＊142　柳田國男「桃太郎の誕生」一九三〇年（『定本柳田國男集　第八巻』筑摩書房　一九六九年）一九ページ。
＊143　関敬吾「桃太郎の郷土」一九七二年（『関敬吾著作集　第四巻』同朋舎出版　一九八〇年）二三三ページ
＊144　「座談会　語りものの起源と渡来」『フォクロア』二号　一九七七年　一九〜二二ページ。

あとがき

安土城については、古くからたくさんの研究がなされてきた。天守閣の成立過程をつきとめようとするこころみも、すくなくない。ユリシーズ伝説と『百合若大臣』の関係も、ここ百年ほど論じられつづけてきた。いずれも、あつい研究史の蓄積をもつテーマだといえる。

最終的な結論は、どの問題についても、まだでていない。今は、こう考えるのが、有力だとされているという、そのていどの共通認識はある。しかし、それが有無を言わさぬ説得力をもって、提出されているとは言いがたい。実証的に決着がついたわけではない、ないのである。

さて、学界で有力とされる考え方は、時代とともに、大きくうつりかわってきた。たとえば、天守閣の起源説。現在は、中国にその源流をもとめる解釈が、はやっている。ひところは、日本人の独創だとみなすのが、大勢をしめていた。明治時代までさかのぼると、西洋築城術の感化説が、めだつ。

どの見方にも、そこそこの妥当性はある。どれが絶対に正しいときめつけることは、むずかしい。これだけはまちがっていると断定することも、困難である。中国的にうつる部分があるいっぽうで、日本的だと思えるところも、見いだせる。西洋からの感化が語れそうな要素も、ないとは言いきれないだろう。

どういう部分を見るかによって、その解釈もおのずとちがってくる。そして、現在は、中国的だと言えそうなところへ目をむけることが、はやっている。ようするに、学界の流行が、そちらへ傾斜したのである。

こういった学術的な流行は、『百合若大臣』の解釈史にもある。この中世舞曲も、時代のうつりかわりとともに、ことなる評価がなされてきた。

おもしろいことに、その学説史は、天守閣論の推移と似たような展開を、へてきている。天守閣論がかわるころに、『百合若大臣』解釈も、変容をとげていた。しかも、同じような方向へむきながら。

私は、こういう学説史の並行関係に、興味をもった。文学史の学説が、建築史の場合と同じようにかわっていく。そこに、分野をこえた赤い糸があると考えた。そして、学術のありようを左右する、大いなる時代のいきおいを、想定したのである。建築史研究のみならず、文学史のそれまで、つきうごかしてしまう時流というものを。

諸学説の歴史をさぐっていくと、学術なるものへのうたがいも、めばえてくる。えらそうな顔をした学問的言辞が、たわいもない時流におどらされている。あんがいつまらない事情で、新しい学説がくみたてられていく。そんな様子が、はっきり読みとれてしまうようになったのである。

しかし、それで私が学問に絶望したのかというと、そうでもない。いくらかの学者には、あたらしく畏敬の念もわいてきた。ああ、このひとは、くだらない時流にからめとられていない。自分自身の好奇心で、自分の学問をすすめている。そう心から思える学者のいることも、わかってきた。

もちろん、逆の発見もたくさんある。彼は、名声こそ高いが、中身はあやしい。ただ時代にくっついていっただけじゃあないか、と。

私は、学説史をおいかけることで、学者の値ぶみに以前より自信ができてきた。一般的な名声とは関係なく、その学問を評価する眼力も、前より向上しただろう。本文中にも、学者の人物月旦《げったん》めいた記述を、けっこうはさみこんだしだいである。

皮肉なものだ。私じしんは、学界を左右した時代の流れに、興味をもっている。だから、時流におどらされている研究者がたくさん見つかると、ほっとする。この時代には、たいていのものが、こちらへながされていた。そんな私の見取図が証明されることに、とりあえず安堵する。しかし、彼らにはぜんぜん敬意がいだけない。

いっぽう、時流をこえたオリジナルな学者は、私のたてた図式になじまないこともある。ほんらいなら、そういう例外的な存在をいやがるべきなのだろう。だが、私はうれしくなる。自分のストーリーからずれる学者が見つかるたびに、エールをおくっている。学問もすてたもんじゃあないなと思うのは、そんな時だ。

もとより、学術の世界を裸にする作業である。私に学界を冷笑する気持ちが、なかったわけではない。しかし、調査をすすめるにしたがって、肯定的な気持ちも、わいてきた。ほんとうにおもしろい学問もあると、今は確信を持っている。

大それた言い方だが、これが一種の教訓になればという思いも、なくはない。時代のいきおいが、学者たちをからめとる。そのありようを把握できれば、自分が時流におどらされる危険性は、すくなくなる。妙な学界政治に自分の学問がゆがめられることも、ふせぎやすくはならないか。口はばったくはあるが、私はそんなこともねがっている。

もちろん、今後の勝ち馬へのるためのヒントにすることも、できるかもしれない。じっさい、多くの研究者たちは、学界の趨勢を知るために学説史を復習する。自分のスタンスを、そこへ位置づけるために、学説史はふつうかえりみられている。

学界潮流から解放され、その拘束をのりこえる。そんな私の展望は、学界渡世の実情から、うきあがりすぎているかもしれない。たいていの研究者は、その潮流へのりたいと思っているのだから。

学術動向を左右する時流が、かりに抽出できたとして、それは何の役にたつのか。そんなものを見つけても、学問の発達にはつながらない。じっさい、お前には天守建築の成立過程が、きちんと説明できないだろう。ユリシーズ伝説と『百合若大臣』についても、まったく自説が展開できていないではないか。

たぶん、そんな反論もでてくると思う。じっさい、私じしんそうなじられたことがある。それも、一度や二度のことではない。

とはいえ、こういう問題へ私が口をはさむのは、あまりにも僭越でありすぎる。私は城郭遺構の実測調査へたずさわったことが、いちどもない。中近世の指図類へ通暁しているとも、とうてい言えないだろう。『百合若大臣』とユリシーズ伝説のかかわりは、文学や民俗学のテーマである。私はまったくの門外漢だ。

ただ、近代の言論史へは、比較的なじんでいる。城郭論などが、ここ二百年ほどのあいだに、変容をとげてきた経緯なども、よくわかる。だから、この本でも、そういった部分をのべてきた。あとは、城郭史研究者らの参考に、すこしでもなればとねがうのみである。そんな分業がなりたてば、これにすぎることはない。

けっきょく、私は一種の科学史を摸索しているのだと思う。科学史家が、物理や化学などの実験をこころみることは、あまりない。しかし、それらの諸科学が、各時代とどうつきあってきたのかは、たえず問いつづける。それと似たような分析を、私は歴史研究や文学研究に、ほどこそうとしている。つまりは、人文諸学の科学史的研究をめざしているのである。

この本は、前著『法隆寺への精神史』（一九九四年）の課題を、ひきついでいる。同じ興味で書きつがれてきた、一連の作業にほかならない。本文中に、法隆寺の話が、ときどき顔をだすゆえんである。

本書では、しかし法隆寺のことを、あまりくわしく語っていない。文献考証などは、おおはばにはぶいてある。前著との重複を、できるだけすくなくしたかったからである。気になる読者へは、そちらもあわせ読まれることを、すすめたい。

ここへまとめた文章は、もともと『諸君！』に、書きつがれていた。派手なオピニオンがとびかう同誌にあって、たいそうくすんだ連載であったと思う。ひょっとしたら、雑誌のお荷物にもなっていたんじゃあないかと、おそれている。同誌への執筆をさそってくれた当時の浅見雅男編集長には、感謝の気持ちをあらわしたい。

毎月のやりとりは、内田博人氏と吉地真氏が、担当してくれた。いろんな局面ではげましてもらい、精神的にささえられたところは大きい。しめきりまぎわに、資料のチェックなどをたのんだこともある。ほんとうに、ありがとうございました。

本にまとめる作業は、内田博人氏にひきうけてもらった。藤田淑子氏にも、てつだってもらっている。ぶあつい著述で、編集はたいへんだったろう。今だにワープロがうてず、フロッピーとやらも提供できない自分を、申し訳なく思う。

井上章一

文庫版へのあとがき

たぶん、中学生ぐらいの時だったと思う。あるいは、高校のはじめごろだったろうか。私は法隆寺をめぐるある話で、歴史のおもしろさにめざめている。

法隆寺では、中門と金堂をささえる柱のなかほどに、かすかなふくらみがある。腹部がはっているように見える。これを胴張りとよぶ。その形は、古代ギリシア建築に見かける柱のそれと、よく似ている。エンタシスと称されるささやかな膨張と、つうじあう。

両者のあいだには、つながりがあるという話を、しばしば聞く。古代ギリシアの建築形式は、奈良の法隆寺にもとどいていた。アレクサンダー大王が、インドの北西部まで遠征をする。と同時に、エンタシスという柱の形も、そのあたり、ガンダーラ地方へもちこんだ。これが、インドからの仏教伝来により、奈良までたどりつく。

法隆寺の胴張柱には、世界史的な意味がある。ギリシアの文化と飛鳥文化は、一本の線でつながっている。地中海のヘレニズムは、はるかかなたの極東にもつたえられた。その証拠が、柱の形として、法隆寺にはのこっている。私の若かったころ、中学や高校では、そんな教育をほどこしていた。

話をおそわり、私はあおられている。歴史って興味深いなと思いだしたのは、そのころからである。

遣隋使や遣唐使は、苦労に苦労をかさね、中国へたどりついていた。鑑真は渡航に五度も失敗して、やっと日本へくることができたという。そんな時代なのに、エンタシスははるばるギリシアからやってきたらしい。歴史のみならず、建築といういとなみのおもしろさにも、この話で開眼した。

ところが、大学で建築学をまなびだした私は、やがて知らされる。法隆寺へのエンタシス伝来説に、さしたる根拠はない、と。あんなのは、中学生むきのメルヘンだと、私をさとした先輩もいた。

ギリシア建築の柱がエンタシスをとどめていたのは、紀元前五世紀までである。アレクサンダーの時代、紀元前三百三十、二十年代には、もうなくなっていた。そんな形式が、ガンダーラへとどけられていたとは、思えない。じじつ、アレクサンダーの遠征地からは、エンタシスの柱が見いだされてこなかった。ただの一本も。

ギリシアと斑鳩をむすぶ、その中継地に痕跡がない。ヘレニズムの到達地と仏教東伝の出発地には、まっすぐな柱しかのこっていなかった。こうなれば、もう法隆寺の柱にヘレニズムの感化を想いえがく余地はない。それは、ギリシアと無関係に、東アジアで成立した。そう考えざるをえなくなる。

若いころにいだいたあの幻想は、いったいなんだったんだ。斑鳩は日本のギリシアである。そう言わんばかりのロマンで、私の純情をもてあそんだのは、どこのどいつだ。以上のようないきどおりがこうじ、私は一冊の本を書いている。『法隆寺への精神史』(一九九四年)が、それである。法隆寺に投影されたエンタシス伝来説の、歴史的な根をさぐる。そこに、私は解剖学的な分析をほどこした。

かつては、自分も信じたことがある。だから、その魅力はよくわかる。いっぽう、それにひっかかった自分をさいなむ気持ちも、なかったわけではない。肯定論も否定論も、ともに自分の脳裏をとらえたことがある。そんな経験にもささえられ、エンタシス伝来説の盛衰を、書きとめた。

この本、『南蛮幻想』(一九九八年)は、その応用編である。

城郭の天守閣は、西洋築城術の影響でできている。その成立には、キリスト教もかかわった。以上のような歴史の説が、一部にある。城に舶来の要素を読みこむ指摘である。立論の背景には、エンタシス伝来説ともつうじあう精神が、ひそんでいるだろう。そう私は、法隆寺論へとりかかったころから、めぼしをつけていた。

『南蛮幻想』は、幸若舞の『百合若大臣』もあつかっている。じつは、こちらにも舶来説がある。古代ギリシアのユリシーズ伝説が、日本へつたわった。その翻案として、『百合若大臣』は成立したとする説である。

文学に不案内な私は、はじめそれをよく知らなかった。翻案説の存在に気がついたのは、天守閣のことをしらべだしてからである。認識してからは、やはり同じように考えた。これも、根っ子はエンタシス伝来説と、近いところにあるんじゃあないか、と。

その勘にみちびかれ、私は学説史をほりおこしていった。そして、エンタシス伝来説との通底性を、学説の展開にも読みとっている。意外なところに補助線がひけたのではないかと、自負もする。

幕間《まくあい》には、いわゆるキリシタン灯籠の話をおいた。潜伏キリシタンたちが信仰も仮託したと、しばしば言われる灯籠を論じている。一九二〇年代末から、その発見が各地であいついだことを、本文では紹介した。

興味深いのは、ふつうの灯籠より値段が高くなりやすいという点である。キリシタンの、と銘打った灯籠には、市場でも敬意がはらわれている。日本にキリスト教の信仰は、ほとんど普及していない。なのに、キリシタンをうやまう気分はある。近年、私は、現代日本のそんな傾向に、関心をよせている。

たとえば、多くの歴史愛好家は細川ガラシャを、絶世の美女だと想いがちである。しかし、その美貌説をうらづける実証的な根拠は、どこにもない。ならば、なぜキリシタンだったガラシャには、美人だという幻想ができたのか。昨年は、そんな文章も発表した（「美貌という幻想」井上他編『明智光秀と細川ガラシャ』二〇二〇年）。ここしばらくは、美化されるキリシタン像の近代を、おいかけるつもりである。

『南蛮幻想』を刊行してまもなく、ある読者からていねいな批判の手紙をいただいた。そのそれぞれが耳にいたく、私は反省をせまられている。なかでも、小西甚一にたいする私の誤読は、致命的であった。

機会があれば、旧著には手なおしをほどこしたい。これは、そう思いつづけてきた本でもある。ありがたいことに、このほど草思社から文庫化の依頼をいただいた。渡りに船である。修正をした形で、あらためて世におくりだせることを、よろこんでいる。

ざんねんながら、手紙の主は御自身の名をふせられた。名のるほどの者ではない、と。それは、匿名の批判だったのである。私は、その方にこの文庫版をとどけたい。感謝の気持ちもそえての恵存を、ねがっている。しかし、どなたにおくればいいのかが、わからない。申し訳ないが、送付はあきらめる。

どこかで読んで下さることをねがいつつ、筆をおく。

井上　章一

主要参考文献

〈目録・索引〉

*『補訂版　国書総目録』（全八巻・著者別索引）岩波書店　一九八九―九一年
*神宮司庁『故事類苑・兵事部』吉川弘文館　一九八四年
*太田為三郎編『日本随筆索引（正・続）』岩波書店　一九六三年
*法政大学文学部史学研究室編『日本人物文献目録』平凡社　一九七四年
*東京国立文化財研究所『東洋美術文献目録』柏林社　一九四一年
*東京国立文化財研究所美術部『日本・東洋古美術文献目録』中央公論美術出版　一九六七年
*国立国会図書館整理部編『明治期刊行図書目録』（全五巻・書名索引）一九七一―七六年
*国書刊行会編『日本史関係雑誌文献総覧』（上・下）一九八四年
*栗田元次『総合国史文献解題』（全三巻）日本図書センター　一九八二年
*ユネスコ東アジア文化研究センター『日本における中央アジア関係研究文献目録／一八七九―一九八七年三月』一九八八年
*「二〇世紀文献要覧大系」編集部編『日本文学研究文献要覧　一九六五―一九七四　I〈古代～近世〉編』日外アソシエーツ　一九七六年
*石黒吉次郎監修『日本文学研究文献要覧（一九七五―一九八四）・古典文学』日外アソシエーツ　一九九五年

＊石黒吉次郎監修『日本文学研究文献要覧（一九八五―一九八九）・古典文学』日外アソシエーツ　一九九六年
＊国文学研究資料館編『国文学研究文献目録　昭和一六年―昭和三七年』一九八四年
＊京都外国語大学付属図書館編『対外交渉史文献目録／近世編』雄松堂書店　一九七七年

〈著書・論文――本文および註でふれたものは、はぶく〉

＊小和田哲男「城郭文献目録・解題」『日本城郭大系　別巻二／城郭研究便覧』新人物往来社　一九八一年
＊渡辺勝彦「城郭」『建築史学　第一〇号』一九八八年
＊財団法人開国百年記念文化事業会編『鎖国時代日本人の海外知識』乾元社　一九五三年
＊小沢栄一『近代日本史学史の研究　幕末編』吉川弘文館　一九六六年
＊沼田頼輔『日本紋章学』明治書院　一九二六年
＊石田幹之助『欧米に於ける支那研究』創元社　一九四二年
＊石田幹之助「東洋文庫の生れるまで」『石田幹之助著作集　第四巻』六興出版　一九八六年
＊石井進『中世史を考える――社会論・史料論・都市論』校倉書房　一九九一年
＊永原慶二『歴史学叙説』東京大学出版会　一九七八年
＊岡田章雄「最近のキリシタン史研究」『史学雑誌』一九六四年二月号
＊坂詰秀一「日本のキリスト教考古学――その回顧と展望」『立正史学』六四号　一九八九年
＊松田毅一『近世初期日本関係南蛮史料の研究』風間書房　一九六七年

＊山崎渾子「久米邦武とキリスト教」『久米邦武歴史著作集　別巻』吉川弘文館　一九九一年
＊井上章一『つくられた桂離宮神話』弘文堂　一九八六年
＊井上章一『法隆寺への精神史』弘文堂　一九九四年
＊井上章一「初期擬洋風建築の天守閣形状塔屋に関する一考察」『日本研究　第一六集』（国際日本文化研究センター紀要）角川書店　一九九七年

資料の引用に際し、次の点に留意した。
一、原文の旧漢字は、新漢字にあらためた。
二、原文の旧仮名遣いは、変体仮名のみをあらため、他は原文どおりとした。
三、きょくたんな誤記、誤植は、著者の判断で適宜これを訂正した。

安土城と「百合若大臣」をめぐる言説史年表

安土城

1890 田中義成**「天主閣考」**	
重野安繹他**『稿本国史眼』**	
1904 大沢三之助**「和城に就て」**	
1907 渡辺世祐**『安土桃山時代史』**	
1908 黒板勝美**『国史の研究』**	
	1910 大類伸「本邦城櫓並天守閣の発達」
	1915 大類伸『城郭之研究』
	1916 渡辺世祐『訂正増補　安土桃山時代史』
	1918 黒板勝美『国史の研究　各説の部』
1921 大森金五郎**『大日本全史　中巻』**	
1922 西村真次**『安土桃山時代』**	
1930 塚本靖**「城の話」**	
	1936 鳥羽正雄・大類伸『日本城郭史』

＊細字で示した書名・論文名は「日本」起源であることを主張する論調に、太字のものは「外来」要素を重くみる論調に、それぞれ傾いていることを示す。
＊「⇨」印は、論調のなかに対立する説への歩み寄りがみられることを示す。

百合若大臣

1906 坪内逍遙**「百合若伝説の本源」**	
上田敏**「鏡影録」**	1907 高野斑山（辰之）「壱岐の百合若伝説」
1910 野々口精一**「天稚彦物語の本源」**	
新村出**「南風」**	
高木敏雄**「驢馬の耳」**	
1911 南方熊楠**「西暦九世紀の支那書に載せたるシンダレラ物語」**	1916 津田左右吉「インド文学と国文学との交渉に就いて」
1921 柳田國男**「海南小記」**⇨	
1922 坪内逍遙**「百合若、酒顚童子、金太郎等」**	新村出「日本文学の海洋趣味」
1926 新村出**「逍遙博士より得たる感銘」**	
1927 島津久基「**『天狗の内裏』と『イニード』**」⇨	1929 筑土鈴寛「諏訪本地・甲賀三郎」
高野辰之**「幸若舞曲研究」**⇨	1930 折口信夫「七夕祭りの話」
1932 市場直治郎**「百合若伝説私考」**⇨	
中山太郎**「百合若伝説異考」**⇨	1934 山口麻太郎「百合若説経に就いて」

安土城

	1937 関野貞『日本建築史講話』
	1940 足立康『日本建築史』
	1950 太田博太郎『建築』
	1952 藤岡通夫『城と城下町』
1953 中田行**「安土城の成立と復元について」**	
	1958 藤島亥治郎『日本の建築』
	1968 藤岡通夫『城と書院』
	1972 城戸久『城と民家』
	1973 伊藤ていじ『城』
1976 内藤昌**「安土城の研究」**	
1977 宮上茂隆**「安土城天主の復元とその史料に就いて」**	
1991 玉井哲雄**「近世の城郭建築」**	
1994 内藤昌**『復元・安土城』**	

百合若大臣

1935 新村出**「南蛮文学」**	
1941 重久篤太郎**『日本近世英学史』** 新村出**『日本吉利支丹文化史』** ⇨	1941 新村出「日本人南進史と南洋文学」
1950 エステル・L・ヒパード**「日本文学における百合若伝説」**	1951 民俗学研究所『民俗学辞典』
	1953 金関丈夫「百合若大臣物語」 1954 松村武雄『日本神話の研究・一』 1955 和辻哲郎『日本芸術史研究』 1964 木村紀子「幸若舞曲『大臣』をめぐって」 1972 大林太良「流浪の英雄と悲劇の英雄」
1978 ジェームズ・T・アラキ**「ユリワカ・アンド・ユリシーズ」**	1978 大林太良「百合若伝説と内陸アジア」⇦
1984 中村忠行**「王様の耳は驢馬の耳」** 1986 小西甚一**『日本文藝史・四』**	

＊本文初出「諸君！」平成七年九月号—平成九年十二月号
＊本書は一九九八年に文藝春秋より刊行された『南蛮幻想—ユリシーズ伝説と安土城』を文庫化したものです。

草思社文庫

南蛮幻想　下巻
ユリシーズ伝説と安土城

2021年8月9日　第1刷発行

著　　者　井上章一
発 行 者　藤田　博
発 行 所　株式会社 草思社
〒160-0022　東京都新宿区新宿1-10-1
電話　03(4580)7680(編集)
　　　03(4580)7676(営業)
　　　http://www.soshisha.com/
本文組版　有限会社 一企画
印 刷 所　中央精版印刷株式会社
製 本 所　中央精版印刷株式会社
本体表紙デザイン　間村俊一

ISBN978-4-7942-2531-3　Printed in Japan

草思社文庫既刊

渡邊大門
光秀と信長
本能寺の変に黒幕はいたのか

光秀の決断にはどのような背景があったのか。そこには朝廷や足利義昭の策謀はあったのか。豊富な史料を縦横に駆使して、信長と光秀の人物像を再構築し、本能寺の変の真因をさぐる。**『信長政権』改題**

工藤健策
戦国合戦 通説を覆す

なぜ、幸村は家康本陣まで迫れたのか？ なぜ、秀吉は毛利攻めからすぐ帰れたのか？ 地形、陣地、合戦の推移などから、川中島から大坂夏の陣まで八つの合戦の真実を読み解く。戦国ファン必読の歴史読物。

山岡淳一郎
勝海舟 歴史を動かす交渉力

西郷隆盛との交渉に成功した江戸無血開城を筆頭に、日本の大転換点において、つねに時代の大局を見据えつつ歴史の歯車を動かした勝海舟のドラマチックな軌跡。その辣腕の交渉力が、いまこそ求められている。

草思社文庫既刊

氏家幹人
かたき討ち
復讐の作法

自ら腹を割き、遺書で敵に切腹を迫る「さし腹」。先妻が後妻を襲撃する「うわなり打」。密通した妻と間男の殺害「妻敵討」…。討つ者の作法から討たれる者の作法まで、近世武家社会の驚くべき実態を明かす。

氏家幹人
江戸人の性

衆道、不義密通、遊里、春画…。江戸社会には多彩な性愛文化が花開いたが、その背後には、地震、流行病、飢饉という当時の生の危うさがあった。豊富な史料から奔放で切実な江戸の性愛を覗き見る刺激的な書。

氏家幹人
江戸人の老い

脳卒中による麻痺と闘った徳川吉宗。家族への不満を遺書にぶちまけた文人鈴木牧之。散歩と社交を愉んだ僧敬順。三者の生き様から普遍的な老いの風景が浮かび上がる。